BUMMING AROUND

バミング アラウンド

旅のあとに残るもの

後藤大次郎
Daijiro Goto

文芸社

バミング　アラウンド（Bumming around）

二〇代半ばにカナダに渡った。仕事をしながら金を貯め、五〇〇$という安値で車を購入した。七三年式のチベットというハッチバックの車。後部を合わせてドアが三枚付いているのだが、そのうち二枚は使用不可能。これで北米大陸を野宿しながら横断したことがあった。

旅中、何人かの人に尋ねられる。「この車で本当に行くのか？」と。「もちろん」と僕が答えると、彼らはさらに「なぜ？」と聞き返してくる。何故？　この質問への妥当な答えは、結局旅の間に見つけだすことが出来なかった。

出発点となったカナダ・バンクーバーに戻り、親しい悪友達とバーで飲んでいた。ひとりの友人が再び「なぜ横断しようと思った？」と言い出した。「……」僕が黙って考えていると、隣で浴びるほどビールを飲んでいた仲間が、「just bumming around.」と笑いながら口を挟んできた。

Bumming aroundとはスラングである。辞書を引くと「のらりくらり暮らす、浮浪する、飲んだくれる」などと書かれている。あまり良い意味ではない。しかしこのオンボロ車との旅が、自身の出発点と考えている僕にとって、優柔不断な語意をもつ「バミング　アラウンド」は、いまだに自分の旅に最もふさわしい言葉となっている。

ダワナャムの家

大草原を駆ける住人

デディの故郷

新たな世界をめざして

光穂の海

夢の途中

大次郎の道
どこまでも

Budweiser
WHASSUP!
Budweiser
World's No.1 Selling Beer
MEKO
ROLEX
ZURICH WATCH
Up Date
Mall
購物天地
Food 食街
court
EMPEROR
WATCH & JEWELLERY
ONE HOUR
CITI
FAIR CAM

Sunflower

ダワナャムの家

大草原を駆ける住人

MONGOLIA

習慣

「うげっ、吐きそう」

何十回呟いただろう。草原に果てしなく続く凸凹道。いや、道と言うより連続する山、丘、岩。さらにそこを行く悪質（？）な運転は、何度通っても慣れることはない。車内は前後左右に大きく揺れ、その度に天井に頭をぶつける。だが数十回呟いた言葉の一番の原因は、悪路でも、運転でもない。運転手以外は絶対拒否禁止、大揺れに揺れる車内でのウオッカの回し飲みである。悪友アンガルが無言で、なみなみと器に注がれたチンギス・ハーンウオッカを差し出す。

「もうダメ。飲めない、絶対。俺はパス」

弱気な僕の言葉に、アンガルが笑顔で答える。

「何言ってるんだ。モンゴルを知るには飲まなきゃ！」

この言葉に騙され、いや誘われて酒好きの僕はついつい手を出してしまう。首都ウランバートルから南東約一二〇キロメートル、ほとんど舗装されていない道を走るので、器を回している最中に、床にウオッカがこぼれる。狭い車内はアルコールの匂いが充満している。酒宴は目的地のズールウゥズゥに着くか、ウオッカが底をつくまで続く。

完全に酒に飲まれた意識のなか、犬たちのけたたましい声で我にかえった。今なお酒で満杯の頭を持ち上げ、外を見ると遊牧民が住むゲルが見えた。窓外では犬たちが行く手を阻み、誰も車から降りることができない。遊牧民の犬は、自分の主人が客と認めなければ、優秀な番犬として、相手に敵意をむき出しに向かってくる習性があるからだ。しばらく犬たちとにらみ合っていると、ゲルの扉から一人の男が出てきた。ゲルの主、ダワナャムだ。犬たちをなだめながらが、びっくりした顔で近づいてくる。

「おい、どうした、突然。来るなら電話してくれ!」

彼は笑いながら僕らを迎えてくれた。もちろんこの草原には、電話はもちろん電気も通じていない。

理由

ダワナャムの家族は、他の二家族（親戚と彼の父母）とゲルを隣接して暮らしている。遊牧民というと、常に何百キロも移動しながら生活していると想像してしまうが、実際には気候、風向きに応じて年四回ぐらい一〇キロメートル周囲の移動を繰返している。現に、今春にゲルが在った跡が、今ある位置からほんの少しだけ離れたところに残っている。ただ例外として自分たちの家畜が病気などで死んだ時などは、大きな移動を行う。

久しぶりの再会。ゲルに入り、玄関の正面に位置する一番奥のベッドに腰を下ろす。日本流の上座にあたるこの場所が、滞在する間は僕の寝床になる。まぁ、二、三日すると酔っぱらって床で寝るようになるのだが。

スーティツアイと呼ばれる乳茶をご馳走になる。お土産として持ってきた、前回訪れた時に撮った数枚の写真を手渡すと、ダワナャムと彼の妻バヤルマは、楽しそうに話しながら、写真をめくり始めた。しばらくすると「遠くに住む家族が戻って来た」と親戚一同がゲルに集まる。懐かしい顔が次々にゲルの扉を開ける。子供達を連れ、頭をなでながら入ってきた老人は、ダワナャムの父、ジャガルだ。いつもは厳格で無言のジャガルも孫達の前では「笑顔のお爺さん」に変わっている。だがどんな笑い顔をしていても、彼の顔からは、草原での暮らしの厳しさが伝わってくる。

「父を見ると、まだまだ俺は半人前だと思ってしまう」

とダワナャムは断言する。僕は偉大な父ジャガルを奥に招き、横に座ってもらう。彼が座ったところで、写真の大評論会が始まった。

「懐かしいね」

「思い出すね」

「写真上手いね」

などとからかわれる。みんなで盛り上がっている最中、ふと気付くとベッドの横の床に、子供達が座っていた。彼らもどうやら僕の事を覚えているらしく、ひとりの男の子が笑いながら、僕の膝によじ登ってくる。しばらくして、

「そうだ、この子だ」

僕は初めてここを訪れたときに見た、ひとりの子供の顔を思い出した。

大きくまん丸で真っ黒の瞳が、僕の姿をとらえて放さない。瞬きもしないで、僕の顔をじーっと見る。その瞳には恐怖、恥じらい、羨みなど微塵もなく、自分自身が持つ誇りや威厳さえ感じさせられた。時間が止まってしまったかのように、僕はその場から動くことができなかった。だがすぐに、無邪気なくりくりの眼で笑い出し、こちらに向って走り寄ってくる。この眼に惹かれ、僕はモンゴルに足を運ぶようになったのだ。

腰痛

時間がゆっくり流れる昼下がりの草原。暖かい陽気に誘われ、みんなが草の上で昼寝やカードゲーム、読書などを楽しんでいた。しばらくは心地よい時間を過ごしていたが、だんだん暑くなってきた。熟睡中の奴らは放っておいて、ゲルの影に移動。

日影は、エアコンのスイッチを強にしているように涼しい。「これは快適、快適」と寝ころんで、僕は再び読書に励む。モンゴルは乾燥しているせいもあり、日向と影の温度差が極端である。当然、昼夜の気温も同じで、昼はTシャツ一枚で充分だが、夜になるとフリースが必要ということになる。もちろん厳冬期は昼夜を問わず、完全装備が必要だが。

「ギーッ」ゲルの扉が開き、ダワナャムが出てきたと同時に、彼が、

「晩御飯を取りに行こうぜ」

と銃を抱えて誘ってきた。今夜の御飯となる、草原に穴を掘り住むネズミ(?)の仲間、タルバガン狩りに行くというのだ。僕と狩猟大好きの友人達は、

「もちろん行くぜ」

と大喜びで賛成し、汗だくで寝てる奴らを叩き起こした。

タルバガンの多く住む谷は山間にあるということで、乗ってきた車ではなく、馬で移動することになった。皆それぞれが馬に鞍をつけ、出発。モンゴルの鞍は立ち乗り用に出来ており、尻を置く場所も木製で、硬くてさらに狭い。遊牧民の子供は、三歳ぐらいには馬に乗るようになり、すぐに自由自在、手足のように馬を操るようになる。彼らの中腰の乗馬姿勢は大人顔負けで、綺麗そしてカッコイイ。

実は僕自身、学生の時にアメリカの片田舎で牛追い、つまりカウボーイの手伝いをしていた経験があり、少しは自信がある。初めてダワナャムに会った時、いきなり彼に、「馬に乗らしてくれと」と頼み、彼の目の前で駆けて見せた。それからは、僕が来ると必ず、「この馬はおまえが居る間、自由に使っていいぞ」と一頭の馬を宛われるようになった。しかし中腰の姿勢を保ち、草原を何時間も駆けるのは、結構つらい。とくに高低のある場所を駆けると、硬い鞍が股間を直撃する事もあるので、油断しないでしっかり腰を浮かし続けなければ大変な事になってしまう。

僕はもちろんのこと、ほとんどの都会に住む人が、この姿勢には慣れていない。当然、草原に住むダワナャム以外は三〇分も駆けると、尻や腰、膝など下半身全てが悲鳴をあげる。馬上でも口々に、

「そろそろ休憩しよう」

「馬も疲れている」

「働き過ぎは良くない」

などと声を上げていると、先頭のダワナャムが口に指を添え、僕らを制した。彼は静かに馬から降り、低い姿勢で歩き出した。僕らも手綱を近くの木に縛り、ゆっくり彼に続く。小さな凹凸になっている窪みで、全員がうつ伏せになり、前方の様子を窺う。ダワナャムの話によると、一昨日ここでタルバガンを射止めたということだ。鳥のような鳴き声が聞こえる。タルバガンだ。彼らはその姿から想像できないような高い声で鳴く。

「あそこにいる」

ダワナャムが静かに指を差した。彼以外は全く確認できない。みんなが順番にダワナャムの横に寝そべり、彼の指の横に目を近づけ探す。むき出しになっている黒い地面の中に、白っぽい点が二つ見えた。そのとき片一方の白い点が動き出した。

「分かった。あそこだ」

僕はダワナャムに大きく頷いた。彼もゆっくり頷く。白い点のタルバガンを見ながら、

「さすが、遊牧民。目がいいね」

と感心した。「獲物に対しての執念か、それともいつも広大な草原を見ているから視力が良いだけか。どちらかは分からないが、あんな小さなタルバガンを見つけるなんて凄い」などと僕が思っていると、ダワナャムが普通に立ち上がった。同時に、二匹の点もこちらに気付いたのか、僕らの視界から姿を消した。

「えっ、狙うんじゃないの？」

ダワナャムの行動に僕らがあっけにとられていると、彼が、

「遠すぎる。近づくにも、身を隠せるものがない」

と言って、みんなの馬を引いてきた。手綱を渡されるとき、ダワナャムが僕に身振りで、

「残念、惜しかったな」

と笑いながら言った。

でもちっとも残念じゃないよ。だって、ダワナャムには分からないだろうけど、おかげで僕らは短い時間でも、苦しい中腰姿勢から解放されたんだから。

恐るべき、モンゴル人

当初の目的地だった晩飯が住む谷に到着。早速、ダワナャムは急な斜面を見て回る。下半身を引きずりながら僕も後に続いた。直径二〇～三〇センチぐらいの穴が、地面のいたるところに掘られていた。これら地上の穴全てが、地下でトンネル状につながって、タルバガンは外敵から身を守っている。用心深い彼らだが、狩りは意外に楽だとダワナャムは言う。なぜならタルバガンは、好奇心が極めて旺盛。人や馬、とくに車などにとても興味があり、音がすると穴から頭をヒョコッ（遊牧民が言うには、ヒョゴッ）と出し、近づくと穴の中へ退散する。しかししばらくすると、さっきまでの危険だったことを忘れ、何か来ないかなと穴から這い出てくるというのだ。

まず初めに、「俺だけが、行きは車の運転で、酒を一滴も飲めなかったんだぞ」と駄々っ子のように主張する、モンゴル都会派代表ミャンダが狙うことになった。穴から一〇メートル程離れた窪みでタルバガンを待つ。僕らは少し離れた小高い丘の上から、ミャンダの腕前を見学することになった。


五分後、ミャンダは、動かない。

一〇分後、ミャンダは、尻をもぞもぞ動かし始める。

一五分後、ミャンダは、窪みから何度も頭を上げ、何回も穴を覗く。


「彼は、いいハンターじゃないね」

ダワナャムが笑いながら言った。結局、タルバガンに警戒され、更に一〇分後、用心深く穴からほんの少し頭を出したタルバガンに銃を撃ったが、やっぱり逃げられた。大笑いしながらみんなで迷ハンターの所へ集まると、

「当たった。本当に当たった。当たってから穴に逃げられた」

とミャンダが負け惜しみを始めた。するとダワナャムが、

「いくら何もない田舎でも、これはあるよ」

双眼鏡でミャンダの顔を覗きながら笑った。

次は林の中から見ているように言われた。大本命、田舎代表のダワナャムの番だ。穴から一五メートル、伏せるとやっと身体を隠すことのできる茂みから、銃口だけを突き出す。静けさを戻した谷に、雲影だけがゆっくり動いている。

変化のない穴と身動きひとつしない彼を、双眼鏡で見ながら三〇分、自分自身も銃を構えているような緊張感で張りつめていた、が、それもここまで。もともと根気がない僕に、これ以上の集中力は続かず、時間を持て余し始めた。

「もう出てこないんじゃないの?」

退屈大嫌い男の僕が口火を切った。

「シャワー浴びたい。昼寝の時、寝汗かいちゃったし」

「長いこと風呂入ってないもんな」

「そういえば来る途中に川があったよね」

「ここからだと五分ぐらいかな?」

「あそこなら銃声、聞こえるんじゃない?」

すぐに話は決まった。無責任な僕たちはそっと林を抜け出し、急いで馬に跨った。丘の上からは草原を大きく蛇行する川を見ることが出来た。急いで勾配を下ると川に着いた。

雪解けの時期も重なり、川の水は冷たく、僕は泳ぐことはおろか、水に入ることすらできない。急に入ると心臓麻痺できっと死ぬね、と自分に言い聞かせる。えーっと、こういうときは小学校のプールの時間に習った、心臓から遠い足から水をつけて……、まごまごしている僕の横で水しぶきが三つあがった。寒さに強いモンゴル三悪友はすでに泳いでる。

考えられない、恐るべきモンゴル人

結局、ひ弱な日本人一名のせいで、短時間で川から上がり、林に戻ることになった。再び木陰からダワナャムを探すと、全く動いていない。場所もそうだが、低い茂みから銃で狙う姿勢も僕らがサボりに行く前と、ほとんど一緒だ。最初に構えてからもう一時間になるというのに。

信じられない、恐るべきモンゴル人

戻って三〇分。何気なく覗いた双眼鏡のレンズに、穴から愛嬌のある顔を持つ動物が映った。「あっ!」と思った瞬間、銃声一発。続けてもう一発。見事、命中だ。

馬の鞍に今晩のご馳走をつける上機嫌のダワナャムに、

「全然動かないから、寝てたと思ったよ。待っている間、退屈じゃないの?」

と馬鹿げた質問をしてみた。すると彼は、

「自分の腕を信じている。獲物が来ると思ったら信じて待つのみ」

と僕が決して言えない言葉を、誇らしげに言い放った。でもその後に、

「少し離れた別の穴からタルバガンが出てきた時は、もう飛んで近くに行きたかった。本当の事を言うと、あと一〇分で諦めようと思っていたよ。みんな暇そうだったしね」

と笑いながら付け加えた。

ゲルに帰るまでに、さらに二匹タルバガンをしとめた僕らは、意気揚々の帰還となった。初体験になるご馳走を想像しながら、馬を進めていると、ミャンダが僕の横に並んできた。

「絶対、あの時当たってたんだ。俺の弾」

真剣な顔の彼の一言に、笑いを必死に堪えながら頷くしかなかった。

朝の運動会

　ダワヤャムの妻バヤルマは、家族みんなが、まだ夢の中にいるうちから働く。遊牧民の女性は季節を問わず、早朝の乳搾りから一日が始まる。昨晩、またもや懲りずにモンゴルの大切な習慣であるウオッカに溺れてしまった僕は、バヤルマに揺り起こしてもらい、やっとの事でゲルから出ることができた。眠い目を擦りながら、乳搾りに同行。柵を開けると、空腹の子牛達が母乳を目指して飛び出してくる。しばらく母牛の乳を吸わせ、乳の出が良くなったところで、抵抗する子牛を柵内に戻し、搾乳を開始する。なるほど、これなら俺にも出来ると、起こして貰ったお礼に、子牛を柵に戻す作業を手伝う。実はこの作業、簡単なようだが意外に難しい。おいしい食事の最中に、

「もうこれ以上食べたらダメ。おあずけ」

と言っているんだから、子牛としては必死である。

「まだお腹がすいてる、モォ」

と逃げ始める。もうこうなったら二日酔いどころの話ではない。女性陣に笑われながら、あっちに走り、こっちで捕まえ、もう大変。やっとの事でこの単純簡単作業（?）を終わらせることが出来た時、太陽は完全に昇り、バヤルマが笑って、

「こっちは、もう終わったよ」

と言いながらミルクポットを運んでいた。

理解者

小さな小さな僕のガールフレンドのアルンティミックは、いつも花をプレゼントしてくれる。ちょこちょこ僕の後ろについてきて、小さい手でポケットを花一杯にしてくれる。ただ気になるのはポケットの次の目標が、なぜか口になることだ。プレゼントは嬉しいものだが、

「アルン、その花、少し馬糞臭くないか……?」

最近、兄弟への叱り方も母親に似てきたアルンは、今日も母の見様見真似で、お手伝い

に一生懸命だ。でも張り切りすぎて失敗もしばしば。僕が座っていると、横にきて何やらぼそぼそ喋り始める。アルンは、僕がモンゴル語が解らないことを知っているのに、時々僕の顔を覗き込むと、同意を求めてくる。そんな時僕がうん、うんと頷くと、嬉しそうにこちらを見上げる。

日本人さん

長男アルボルトは、草原の男の子としては、甘えん坊。何度、彼が兄弟喧嘩で負け、大声で泣きじゃくっているのを聞いたか。初めてここに来たとき、レンズ越しに僕を感動させたのが、アルだ。そのときの風貌から、てっきり女の子だと思っていた。モンゴルでは生まれてから断髪式（男子は3歳か5歳・女子は2歳か4歳）まで髪の毛を全く切らないので、それ以前は男の子と女の子の区別がつかないことがある。

「そろそろアルは、一人で馬に乗らせなきゃ」

とダワナャムは言うが、彼はいっこうに乗ろうとしないらしい。

そんなアルは、人一倍遊ぶのが好き。子供、大人そして動物、構わず遊びに誘う。

「ヤポン、オァ（日本人さん）」

と言って、僕の周りをぐるぐる回る。追っかけて抱き上げると、楽しそうに笑い出す。

「ヤポン、オァ」の笑い声。

暴れん坊

一番年下はムフゥボルト。彼の名はモンゴル語で「永遠の鉄（いつまでも強い男）」を意味する。名前の由来どおり、いずれは勇敢な男に成長するだろう彼は、今がわんぱく盛り。みんなでせっかく一カ所に集めた羊の群れも、ムフゥが来たらもう大変。いつの間にか群れの中心に入り込み、羊の尻を叩きパニックを引き起こす。何度、大人達に怒られても、いっこうに聞こうとしない。

そんなムフゥには、気になっているものがある。僕が持ってきているカメラやフィルム、三脚だ。見て、触ってそして舐める。これらが彼なりの一連の観察動作。何度カメラレンズを舐められただろうか。

「今、こいつに近づくと危ないな」

と悟り、ムフゥから離れても、目が合えば笑いながら走ってくる。あっ、こいつまた何か企んでる。

掟

草原の陽は長い。季節によって異なるが、午後九時だというのに外は薄明りが残っている。ダワナャムと親戚の男たちが、悲しそうに鳴き続ける子牛を囲んで集まっていた。

「どうかしたの？」

と尋ねると、

「この子牛の母親が、山の向こうで倒れているらしい。ちょっと手を貸してくれ」

とダワナャムが答えた。

男八人が、馬と牛車に分乗した。しばらくすると母牛が一頭、寂しそうに鳴いている姿が見えた。どうやら泥濘に足を取られ、足の付け根を骨折してしまったらしい。自力では全く動けないので、男八人で牛車に上げる事になった。クレーンか何かないのか？　と叫びたくなるような大きな母牛だ。やっとのことその巨体を荷台に乗せ、家路を急ぐ。いつの間にか、辺りは漆黒の闇に包まれていた。帰り道、ダワナャムに、

「この牛どうなるの？」

と聞くと、

「……もう駄目かもしれない。とりあえず子牛に乳を飲ましてからだ」

と言って口を噤んだ。それから誰一人喋らない。帰路はやけに長く感じた。ゲルに戻ると、子牛が一目散に母牛にすり寄る。よほどお腹を空かせていたらしい。二度と立つことができない母牛の乳を、一生懸命吸い始めた。母親が静かにそれに応える。

「今晩は眠れないかもしれないぞ」

ゲルに戻り、ダワナャムがやっと口を開いた。

「なぜ？」

と僕が聞き返すと、

「犬たちの鳴き声でうるさくなるからだ」

さらに、

「草原で傷ついた母牛の鳴き声を聞きつけ、チョン（狼）が集まっているはずだ。俺達が牛車に牛を乗せている時、あいつらは山の上から見ている。夜を待って山から下りてくるからな」

と続けた。獲物の少ない冬場はともかく、この時期、餌が豊富にある山で暮らす彼らは、下りて家畜を襲うことはあまりない。だがチョンは頭のいい動物。弱みを見せた動物は必ず狙われるということだ。

年間に数頭の、自分たちに恵みをもたらす大切な家畜を、チョンに奪われても潔いぐらい彼らは動じない。都会で生活する僕からすると、退治すればどうだろうと考えてしまう。しかし、人もまた大自然の弱肉強食のサイクルのひとつに位置する事を、彼ら遊牧民は理解している。ここでは、人間の力なんてちっぽけなもので、少しだけ上手に道具を使えるので暮らしていけると考えられている。誇り高きモンゴル遊牧の民は、自然界と戦うのではなく、お互いを尊重しながら対峙するということで、この大草原で生きている。

こいつらには勝てないと僕は思った。常になにかに甘え、頼り、本当に狭い世界でいっぱい、いっぱいな自分。何でも知っているような振りをして、物事の本質なんて全く理解していない、小さな自分に気づいた。

「実は、何も分かってないんだよなあ……」

夜、毛布にくるまり、ゲルの天井の汚れを見上げながら思った。それからは何も考えずに、ただじーっとその一点を見つめていた。
その晩は、犬たちの咆哮が広い草原に響き、止むことはなかった。

チョン

前回、モンゴルに来たのは十一月の終わりだった。草原はすでにうっすらと雪に覆われ、大雪原となっていた。なぜこのバカほど寒い季節にこの地に来たかというと、冬になると山から餌となる家畜などの多い草原に下りてくる、チョンを見るためだ。さらに地面に雪が積もると、チョンの足跡も発見しやすくなり、頭のいい彼らへの追跡や待ち伏せが出来るかもしれない、というのがこの季節を選んだ理由だ。でもこの寒さ、半端じゃない。日光が当たる昼間ならいいが、狩りは夜中から始まる。

「早く起きろ」
ダワナャムに叩き起こされる。ゲルの中央にある調理台兼用のストーブに薪がくべられた。

みんながストーブを囲むように移動し、座る。時計を見ると午前一時を少し過ぎている。誰も喋らない。ウランバートルから持ってきた砂糖入りの甘いインスタントのコーヒーを飲みだした頃、やっと重い口が開いた。

「眠いね」

「寒いね」

「頭、痛いね」

みんな寝不足の二日酔いだ。いや、ついさっきまで飲んでいたので、体はまだ酔っぱらっている状態だ。だらだらとコーヒーを飲んでいたが、ダワナャムが銃を担ぐのを合図に、重い腰を上げた。

外は真っ暗。月の光だけで車にたどり着く。まずここからひと仕事が始まる。車のエンジンを始動させるため、車を押すのだ。男六人、夜の草原を走る。五、六回その作業を繰り返すと、車のマフラーから黒い煙が上がり、エンジンがかかった。昨晩、車をなるべく斜面の高いところに置いていたので比較的楽だったが、それでも口で大きく息をし、体は熱くなっていた。いいウォーミング・アップだ。モンゴルではこのような光景は珍しくなく、首都ウランバートルでさえ冬になるとよく見かける。眠気も覚め、さぁ出発だ。

月明かりに照らされた白い草原を一台の車が行く。雪の絨毯のおかげで、夏場よりスムーズに走ることができる。運転席にミャンダが座り、助手席にダワナャムと彼の叔父で狩猟経験豊富なユラの二人、後ろに友人のオギ、アンガル、後藤とダワナャムの親戚（ゴメンナサイ、名前を忘れました。猿顔だったので、この先彼をサルと呼びます）の順に座る。しばらくすると手持ちのサーチライトを車のシガレットライターにつなぎ、ダワナャムがサンルーフから上半身を乗出し、ライトで暗い草原を照らし始める。

「本気かよ」

僕は吃驚した。厳寒の夜、車を走らせた状態で彼はそれをやっているのだ。五分ほどして今度はサルに代わる。車内に戻ったダワナャムの手を触ると、冷たいというより、痛そうだった。もちろん厚手の革の手袋と顔を覆うマスクをしているのだが、どうやらその程度では利かないようだ。オギが止めるのも無視して僕もやってみる。体が少しでも外にでた瞬間、体温が全てなくなるような感覚、想像を絶するほど痛い。一〇秒も経たないうちに体を車内に引っ込めた。

車外から頭をつきだした強者は、車の前方をライトで左右一八〇度に振りながら照らす。

動物がいるとその強い光に彼らの目が反射する。僕らは反射された目の光で動物の居場所を特定する。光を当てられた動物はしばらく動きを止めるので、そのまま車で追跡しながら銃で狙いを定める、といった具合に狩りをすすめる。さらに動物によって反射する目の色が違うので、今何を追跡しているか判断し、その動物の逃げる動きを予想しながら車を走らせるということも同時に行われる。

「あそこで光った」

「あっちだ」

「右だ。右」

「もっと速く、急げ」

車内は大きなジェスチャーを交え、興奮状態。車が左右に大きく振られても、誰もひるまない。草原が薄明るくなり、サーチライトが利かなくなるまで、この猟は続いた。何度か銃を撃ったが、獲物をしとめるまでいかなかった。

車を止める。スイッチを切ると、また押さなくてはならないようになるので、エンジンはかけたままだ。一箱のタバコを全員で分け合いながら休憩。外はもう顔の輪郭が確認出来るぐらいの明るさになっていた。

「チョンはいなかったな」

ダワナャムが言うと、サルとユラは頷いた。

鹿やガゼル(鹿の一種)、キツネなどは目が赤っぽく反射するのに対し、チョンだけは青い光を放つという。確かに青い目はいなかった。


しばらく車で草原を徘徊。運転はユラに代わった。緩やかな谷間、辺り一面が全て雪で覆われている場所で車が止まった。今度はここでチョンの足跡を探し追跡するというのだ。本格的な狩猟に参加したことのあるユラは、このあたりの地形をよく知るダワナャムと相談し、この場所に決めたという。「雪が剝げていたり、草や石が多いと足跡を見つけにくい」と言うのだ。チョンは賢いので雪面になるべく足跡を残さないように、岩のうえや草や石の上を意識的に歩くのだと説明してくれた。全員が横一列になり、足元を注意深く見ながら緩やかにつづく傾斜を登る。山頂まで歩いたが、チョンの足跡は全く発見できなかった。ミャンダとオギが山を下り車を取って来るまで、双眼鏡を取りだし山頂からチョンを探す。

「チョンは家畜などを襲う迷惑な動物でもあるが、実は遊牧民は皆、彼らを尊敬している。

だからその姿を肉眼で見られるのは幸運な人、まして彼らを射止める事ができるのは、勇ましいとされる者だけなんだ」

ダワナャムが言った。賢い代名詞にも使われるチョン。彼らの事を語る時、モンゴル人特に遊牧民の男は熱くなる。

「そうなんだ」

僕はその後の言葉が続かなかった。確か日本でも昔、狼が住んでいた。ただ当時、狼は害獣とされ、全て駆除され今は全滅したと聞いている。このことは、口が裂けてもダワナャム達には言えないなと思った。

その時、双眼鏡を覗いていたサルが突然、

「チョン。チョン」

と興奮しながら、僕の背中を叩いた。

サルの周りにみんな群がった。彼は双眼鏡を覗きながら指差した。指先の方向を注目したが僕やアンガルにはまるで見えない。でもダワナャムが、

「本当にいる。あそこだ」

と言い、サルがアンガルに双眼鏡を渡す。しばらく目標を探していたが、

「いる。歩いている」

アンガルも興奮し始め、双眼鏡を僕にまわす。僕はみんなが指す方向に双眼鏡を向けた。アンガルがゆっくり地形を説明しながら誘導してくれる声を注意しながら聞き、目を向けるポイントを修正した。

「見えた」

レンズ越しでも遠すぎて、形こそ分からないが確かに白っぽい物体が、雪上でカモフラージュしているように歩いている。谷を挟んだ向こう側の斜面を横切っている。双眼鏡を外し、振り返ると、みんなが笑いながら興奮している。僕も同じ気持ちだ。見逃さないように、ダワナャムが双眼鏡で監視する。オギとミャンダが到着すると、すぐに車を出す。車内で慎重に相談して、チョンの向かうコースを判断し、待ち伏せするために車を先行させる。待ち伏せポイント近くの森に車を隠し、歩いてポイントに向かう。

ドキドキしながら岩陰からチョンを待つ。誰も音を立てない。緊張するぜ。「早く来い、焦らしやがって」全員がそう思っていたのに違いない。だがいくら経っても憧れのチョンは姿を現さない。

そのうち反対の岩陰からユラが顔を出し手を振った。失敗の合図だ。車でゲルに戻る前に、チョンが歩いていた斜面に立ち寄った。どうしてもどちらの方向に行ったかを確認したかったのだ。足跡を探すと、途中から最初に僕らが双眼鏡で見ていた山に向きを変えていた。裏をかいたのだ。さすがだ、チョン。


しかしこの話には後日談がある。全く同じメンバーで、ダワナャムが住むゲルから車で三時間ほどかかるハーンヘンティボロナパス国立公園内のシャルボラッグと呼ばれる冷泉に、水汲みに行った。その帰り道、山の中腹にある大岩の上空に鳥が一〇羽ほど群がっていた。運転していたユラが車を止め、

「動物の死骸でもあるんじゃないか？」

と言い出した。別に早く帰らなければならない用事もないので、顔を見合わせ、

「見に行ってみようか」

と車を降りる。ただ結構嶮しい斜面なので、ご高齢のユラは車で待っていることになった。途中から斜面に雪はほとんどついていなかったが、急斜面で思うように前に進めない。ダワナャム、サル、並んでオギと僕、少し遅れてミャンダが続く。アンガルはもう諦めたのか地面に座り込んでいる。

先に着いたダワナャムとサルが岩の上で騒ぎ始めた。そして何かを二人で運びながら急いで下りてきた。息を切らしている僕たちの足下にそれを置く。

「チョーン」

僕らは興奮しながら、叫んだ。

大型の犬を少しスマートにしたぐらいの大きさだろうか。しかし口元を見ると鋭い歯が
「俺は犬じゃない」と語っている。出血は止まっているが、横腹に血痕が残っている。ダワナャムがこの状況を推測で説明してくれた。

「このチョンは銃で撃たれたが、多分弾が体を貫通し倒れなかった。その場は逃げたが、走っている間に血が大量に流れ、ここで力尽きた。ただ死んでからあまり時間が経っていない。現にどこにも鳥につつかれた痕はなく、眼球も無事だ」

ということらしい。僕らはもう大騒ぎである。早歩きで坂を下り、車まで運ぶ。待機していたユラがチョンを見て、

「やったな」

と言うと、すかさず車の後部の荷台からあるものを持ってきた。銃である。

「写真を撮ってくれ」

銃を片手に、地面に横たわっているチョンの首を持ち上げ、いかにも「自分が仕留めた」というポーズをとった。みんなそれを見て大笑いしながらも、ちゃっかり全員で順番に、チョンとの誇らしげなツーショットを写真にした。もちろん僕もこれに参加した。

仕留めたチョンを荷台に積んだ帰路の車中、ユラが言った。

「一番先に仕留めたのは俺だから、みんなに発表するのは俺だからな」

そして続けて僕に向って、

「でもおまえは自分で仕留めたって言っていいよ。ただし、絶対日本に帰ってからしろよ」

だってさ。さすがだ、ユラ。年の功。

退屈な時間

ゲルの外が今日は静かだ。普段ならムフゥぐらいはゲルのまわりを元気に走り回っているのに、今日に限って誰もいない。家畜たちも、子供達に追いかけ回されないので、今日は群れを作って休んでいる。「こんな時は外で本でも読もう」と思ったが、変に静かすぎて落ち着かず、すぐに地面に本を投げ出した。

「なんか暇だな」

ここ数日、毎日絶えず何かしていたので、拍子抜けといった感じだ。することがないので、上を向いて雲を数え始めた。今日のように天気の日、モンゴルの雲は漫画に出てくるような典型的な小さな固まりになっているので、数えやすい。

「イチ、ニィ、サン、シィ、ゴォ……」最初のうちは口の中で唱えるように数えていたが、いつの間にか口に出して言うようになっていた。

「ニージュウキュウ、サーンジュウ、サンジュウイーチ、サンジュウ……」

三二の途中まで数えた時、視線を感じ、恥ずかしくなった。でもまわりを見渡しても遠くのゲルの横で、親戚の叔母さんが洗い物をしている姿しか見えない。

「おかしいなぁ」確かに誰かに見られてたと思ったのに。

でもそのあと分かった、誰が僕を見ていたかを。視線の主は、近くの柵の中に群れていた山羊達だった。僕は柵に身をあずけ、だらーっとした姿勢で、

「ナンか文句あんのか」

と山羊達を見返す。ほとんどの山羊は、僕の鋭い眼光（?）で目線を外したが、群れの

真ん中にいた小さな山羊は、

「文句あるから見てるんじゃ」

と返してきた。

それからも一人対一匹の戦いは続いたが、とうとう僕の方が負けを認めて、カメラを山羊に向けながら、

「スイマセンでした。お詫びに写真を一枚どうですか？」

とお尋ねすると、勝ち誇った山羊は、

「おぉ、キレイに撮れよ」

とさらに凛々しい顔で僕を見続けた。

こんな感じで小一時間も山羊達と顔を見合わせていた。なんて贅沢な時間の過ごし方だろう。

「でも明日は遊びに行こう」

僕には、まだまだ「時間を遊ぶ修行」が必要のようだ。

おかわり

僕だけかもしれないが、遊牧民の料理は全てが美味いとは思わない。独特の羊肉の臭さや、脂っこいというより脂身をそのまま食べるところが苦手。以前、ボートク（羊一匹を解体し、ミルク缶の中で蒸し焼きにする料理）と呼ばれる遊牧民接客料理で、羊の尻の部分にひっついている大きな脂身が僕の前に盛られたことがあった。厳寒で暮らす牧民にとって脂は寒さから身を守る、という重要な肉。この部分は一番体に良いとされ、客人に出すことになっているらしい。でもこれはちょっとやりすぎだよなぁ、と白い肉を無視して、僕が大好物の骨の近くの赤い肉に手をだすと、

「こっちだ。こっちを食え。うまいぞ」

と言って、最初より倍近い脂の塊を食べさせられた。

だがバヤルマの手料理はバリエーションが豊富で、食卓にはいつも色々な味が登場する。なかでも羊肉が入った自家製短い麺のヌードルやボーズ（羊肉を小麦粉の皮で巾着状に包

み蒸した物）などは絶品。

「美味い。美味い」

と連呼すると、大盛りで皿によそってくれるのは、万国共通。

でもバヤルマ、もう勘弁してよ。

「腹一杯。ごちそうさま」

と言って器を置いても、大きな鍋に入った料理がなくなるまで絶対僕らを許してくれないのは。

大宴会

夜のゲルはいつものように賑やかな酒宴が続いている。これだけ毎日飲んでもウオッカが底をつかないのは、誰にでも構わず村に向う人に酒を買ってくるように頼んでいるからだ。「こんな事までして」と思われるかもしれないが、実は先日宴会の途中、大量に持ってきたウオッカがきれるという大ハプニングが起きた。みんなが「しょうがない、今日は早

寝だ」と思っていると、ゲルの主ダワナャムが、

「心配するな。別のものがある」

と言って、大きな円柱形のビンを持ってきた。中には透明な液体が入っている。この液体はシミン・アルヒと呼ばれる、生乳から作られた蒸留酒だ。味は少々甘めだが、結構いける。すでに酔っぱらっていたこともあり、大きなビン全てのシミン・アルヒを飲み干してしまった。次の日、アンガルから、

「実はアルヒは、自家製でたくさん作れるものではない。だから大事に飲まなければならない貴重な酒なんだ。俺も昨日は酔っぱらって分からなかったんだけど」

と後悔したような顔で言った。二人でダワナャムに謝りに行くと、彼は笑って、

「いいじゃないか、楽しかったんだから。おまえ達が来てからホント毎日楽しいよ」

と言ってくれた。「でもやっぱり悪かったね」と二人で相談し、誰にでも酒を買って来てもらうようにしたのだ。


酒の話はまだまだある。一番ひどかったのはウランバートルでのことだ。日本に帰国する前日、アンガル達悪友と友達を集めて、オギの家で夕方から飲み始めた。この酒宴は時

間が経つごとに範囲が広がり、オギの家からバーに行き、路上でビールを飲み歩き、酒屋でウオッカをダース買いし、再びオギのところに戻る。家ではウオッカの回し飲みが始まる。

「モンゴル人に……」

「日本人に……」

「旅に……」

「友情に……」

「出会いに……」

このたびにグラスを一気に空けると、もう頭はパニックになる。さらに日本へのフライトが早朝だったため朝六時に空港に着かなければならない、という強行スケジュールのため、寝れない。ベッドに入ると寝過ごしてしまうからだ。

朝、酒臭い集団がウランバートルの空港に乗り込む。荷物のチェックインが終わり空港税を払い終わると、あとは税関を通るだけだ。ここではふつう、

「元気でね」

「頑張れよ」

「忘れない」

「離れたくない」

などの言葉が飛び交う感傷的な場所なのだが、僕らときたらウオッカを取り出し、グラスを重ね、未だ酒宴真っ最中という感じだ。空港に笑い声が広がっていく。そのあと税関の怖そうな女性に、

「賑やかね。あなた楽しんだみたいね、モンゴル」

と皮肉まじりに言われた。

「もちろん」

僕は大きな笑顔で、素直に彼女に答えた。

庭

アルン達兄弟三人が僕を手招きで呼んでいる。近づくと僕を挟んで、手をつなぎ歩き出す。僕が、

「どこに行くの？」

両手を大きく振りながら聞くと、一番年上のアルンが、

「ЦЪфозжъхцг」

指を指しながら言う。僕は、

「あぁ、山。何しに行くの？」

首を傾げながら、もう一度尋ねると、今度はアルが僕の前に出てきて、

「Ёлюычпайёмяэ」

と目を大きく見開き、左右に首を振り、何かを探しているような顔をする。

「家畜を探しに行くんだ」

分かった、と僕が足を速めると、彼らも自分たちの喋ったことが理解されたことを悟ったように、笑いながら僕の手をさらに引っ張る。もちろん彼ら三人と遊ぶ時は全く言葉は通じない。でもこの三人は全くひるまず、遊びに僕を誘う。僕と共通言語をもつアンガルがいつも、

「本当に話をしているみたいだね」

と感心する。そう、僕も驚いているんだよ。でもこれだけ長い時間一緒に遊んだり、ダワ

ナャムやバヤルマの手伝いをしていると、本当に自分がモンゴルの言葉を喋っているような感覚になってくる。

山の中腹、下からは見えない岩陰で子牛達が草を食べていた。麓に下りるように牛たちに促す。急にアルンが僕の背中を引っ張る。

「なんだよ?」

と聞くと、そのまま手を引っ張り岩の方へ連れていく。アルとムフゥが僕らの先を走る。岩に登るとアルンは「ここに座って」とばかりに自分が最初に座り、僕の手を引っ張る。

「だから、なんだよ?」

もう一度アルンに尋ねながら座り、前を見た。僕の目に自分たちがいるゲルを囲む草原が広がっている。さらに大草原を岩山がまわりを囲んでいる。

「俺らの箱庭みたいだなぁ」

そんな感じがした。アルとムフゥも僕の横に座る。そして一番カメラに興味を持っているムフゥが写真を撮る真似をして、

「Змваищёд」

と言った。僕は頷き、カメラを出してこの風景を写真におさめた。再びムフゥを見て、

「ここがベストポイントなんだよな」

僕が言うと、ムフゥが笑って僕に応えた。「この三人はこの写真を撮らせたかったんだ」と思った。

そう、知っているのだ。どこにきれいな花が咲き、どこにさらさらの雪が積もるかを。彼らにとってここは広い広い遊び場なんだから。

ダワナャム一家が住むゲルの前、扉の向こうから家族みんなの声が聞こえてくる。楽しそうな声だ。扉を開けると三人の笑顔が待っていた。

「アルン、アル、ムフゥ遊ぼうぜ」

僕が誘うと、子供達が飛び出してくる。

今日も僕らは、大きな大きな庭で遊ぶ。

絆

雨上がりの夕暮れ、羊を集めに草原を一人で歩いていた。大空には、今まで見たことのない雲が描かれていた。この巨大な絵に押し潰されまいと、しばらく上を眺めていると、風の音が僕の耳に入った。

大草原に吹く風は、時には厳しく、時には心地よく優しい。草原すべての音を運んでくる風に、耳を澄ますと大地の声が聞こえてくる。羊、牛そして馬、何かを伝えようと吠える犬の声、その中に人の声があった。目を向けると、大草原にたくましく住む家族の姿がある。

ダワナャムの仕事やバヤルマの役割、それらを見ながら手伝い、そして成長していく無邪気な子供達。家族の絆と明るい子供達の笑顔。父の強さを父の手で感じ、母の優しさを母の肌で知る。忘れかけていたものがここにはある。

遊牧民の暮らしぶりが、以前とは、かなり変化しているのは事実だ。ただ、遠い昔からモンゴルの大草原には変わらないものがある。それは何を守り、何を大切にするか。またそれらを大自然や家族と真正面で向き合うことにより、知りそして伝えていく事である。単純なことだが、今の僕はそれを正確に理解し、行動できているだろうか。

帰りの車中、どこまでも続く大草原を見ながら、なぜか目頭が熱くなった。ホームシックにでもかかったのだろうか、自分の家族が頭に浮かんだ。その時僕の肩に、そっとアンガルの温かい手が置かれた。

「もっとモンゴルを知りたい？　じゃあ、もっと飲まなきゃ！」

デディの故郷

新たな世界をめざして

INDONESIA

弱気なバックパッカー

手のひらが汗ばんでくる。喉も少し渇いてきた。

こういうときはもちろん水を飲みたくなる。通りかかったフライト・アテンダントに水を注文した。彼女は、とびきりの笑顔で、

「着陸態勢に入りましたので、水はお持ちできません」

と言い放ち、僕の後ろの乗務員シートにさっさと座ってしまった。

なぜ僕がこんな状況で水を欲しているかというと、実は緊張しているのだ。別に飛行機が怖いわけではない。これにはちゃんとした訳がある。

二カ月ほど前、日本で一人のインドネシア人に会った。名前はデディ。彼は今、日本で暮らしている。デディと彼の友人達と食事をしながら、インドネシアの話で盛り上がった。Tシャツと半パンツをこよなく愛す僕としては、「年がら年中常夏のインドネシア」の話は、

考えただけで羨ましく思ってしまう。分厚いジャケットの下の白い体が、「黒くなりたい」と騒ぎ出し、いつもの悪い癖が出てくる。自分が興味のあることを聞くと、欲求を抑えきれずに後先の事を考えないで始めてしまうという、やっかいなヤツだ。

「寒い土地から抜け出すぞ。インドネシアに行くぞ。熱帯地方万歳」

この唐突で我が儘な僕の誘いに興味を示したのは、優しいデディだけだった。


旅の準備は楽しい。バックパックを引きずり出し、愛用のTシャツやお気に入りの本を詰め込んでいく。自然と鼻歌が出る。

「デディが、生まれた村に連れていく、って言ってたよな」

彼が言っていたことを思い出す。あとで虫除けの薬など買いに行こう。その村はすごい田舎って話してたし。

依然として鼻歌絶好調。

出発三日前、デディから電話があった。

「ゴメン。インドネシアに帰れなくなった」

悲しそうな声で彼が言った。話によると、どうしても外せない仕事が入り、休みが取れなくなった、ということだ。

「んーっ、どうしよう?」

僕は少し考えた。「あまりに唐突で馬鹿げた動機の僕の旅のために、デディを困らせるのは悪いな。よし、日程を延期しよう」と思っていた。するとデディが、

「でも大丈夫。インドネシアには電話したから、心配するな。俺の弟と一緒に田舎の村に行けばいい」

俺に任せろとばかりに、話は一方的に決まった。

ひとりでインドネシアに行くのはいいが、やっぱりすこし気が引ける。デディと知り合ったのが二カ月前、まだ数えるほどしか彼と会っていない。それなのにデディ抜きの僕一人で、ロンボック島に住む彼の両親の家を訪ね、さらに弟に彼らの田舎プラド・ラテゥに付き添ってもらう事はあまりにも厚かましいのでは、と思ったからだ。

それを察してか、デディが、

「俺の代わりに、故郷を見てきてくれ」

と言ってくれた。この言葉で僕は決意を固めた。

「まっ、いいか」

僕は開き直った。ただ時間が経つと思ってしまう。

「やっぱり、いきなりっていうのは図々しいかなぁ」


出発前日、全てをデディに任せていたので、少々不安になる。本屋に行き、一冊のガイドブックを開いてみた。

「なになに、お金の単位はルピアか。聞いたことあるな」

「イスラムの国」「税関では注意」などと書かれた項目をめくっていくと、一枚の写真があった。宗教色の強い怖そうなおじさんが、こっちを睨んでいる写真だ。

「なんか怖そうだな」

初めてイスラム教の国へ行く僕は、勝手な妄想を膨らませた。五分間の読書も終わり、店の外へ出る。僕の頭は、たった一枚の写真で〝厳格なイスラム教のおじさん＝怖い〟のイメージだけが出来上がってしまった。


こうして少々弱気なバックパッカーの旅が始まった。

お互い様

飛行機がインドネシア、ヌサ・トゥンガラ諸島のひとつロンボック島に着陸した。タラップを下り、南国ムードが漂う空港のフェンスの外の風景を眺めながら、滑走路を歩いて横切る。税関も無事通過し、建物の外へ出た。そこは、出迎えの現地住民でごった返していた。デディの話では、「空港まで弟が迎えに来る」と言っていたが、

「これじゃあ誰が弟なのか分からないな」

と思い、荷物を足下に置きポケットから念のためにと渡された、実家の住所が書いてある紙を取り出す。

「シンチャン?」

突然二人の若者が僕に尋ねてくる。どうやら「しんちゃん」という日本人を捜しているようだ。僕が首を横に振っても、彼らは離れない。どうやら僕のことをしんちゃんと勘違いしているらしい。

「違う。俺は後藤大次郎だ」

と僕が再び否定し自分の名前を言った。すると彼らは顔を見合わせながら「あぁーっ」と何かを思い出したような素振りをし、大笑いしながら、

「ゴトサン。ゴトサン」

と言い始めた。これがデディの弟ユーディンと悪友アピンとの出会いである。


空港からアピンの五〇ccバイクの後ろに乗り、ユーディンのバイクと連れだって、デディの実家があるマタラム市内に向かう。途中、アピンに聞いた。

「なぜ空港で、『しんちゃん』と言ってたの？」

すると彼は、

「デディから聞いた名前を忘れてしまった。日本を連想しながら思い出そうとしたら、インドネシアで放映されている日本のテレビ番組の主人公の名前しか出てこなかったから」

と笑いながら話してくれた。どうやら、その番組は『クレヨンしんちゃん』のことらしい。

「いい加減な奴らだなぁ」と思いながらも、好感が持てた。だって僕もデディの弟ユーディンの名前を、すっかり忘れてたんだから……。

息子

バイクでマタラムの町を走る。通りの両側には市が立ち、買い物客で賑わっている。マタラムは西ヌサ・トゥンガラの州都。州都とはいえ都会的なビルなどはない。道路には五〇ccのバイクが目立ち、多いときには信号待ちで十数台のバイクが並ぶ。時々見かける車は、小型のワンボックスタイプが多い。車内にはたくさんの人が乗っている。この車は庶民の足にもなっている乗り合いのバスだ。町中でだいたい決まったルートをぐるぐる回りながら、少しでも車内に空きができると、客引き兼会計係の男が窓から体を乗り出し、声を上げて客をつかまえる。

少々乱暴な運転をするバスの横をすり抜け角を曲がると、小さな川沿いの道に出る。しばらくこの道を走るとデディの実家だ。

デディの父マハメド　ハタと、母シティ　ハシャは、家から出て僕を待っていてくれた。

「よく来てくれた」

笑顔で迎えてくれた。家の中に招かれ、

「マタラムにいる間は、ここを自分の家だと思いなさい」

と言い、個室の部屋まで用意してくれた。僕の飛行機の中から続いていた緊張は、彼ら二人の優しい顔と人柄に触れ、見事になくなっていた。


僕が部屋に荷物を運んでいると、待ちきれないといった感じでマハメド ハタが、

「デディはどうしてる？」

と尋ねてくる。ユーディンとアピンを交えて、デディの話で盛り上がる。僕が最近の彼の話をすると、マハメド ハタとシティ ハシャは嬉しそうに目を細め、身を乗り出してくる。

しばらくして僕が、

「彼が外国で住んでいるのは、心配じゃない？」

と聞くと、二人はそろって言う。

「デディなら大丈夫と思っている」

続けてマハメド ハタが、

「むかしから物静かだが、芯は強くとても賢い子。子供の頃、違う国に行ってみたいと言っていた。それが現実となったので私たちはとても喜んでいる。日本での生活を大事にして、仕事が休みになったら遊びに来てくれたらいい」

と僕に笑いながら言った。デディの子供の頃の話になると、急にシティ ハシャが喋りだした。

「あの子が小さい時、イスラムの神様の話をすると、いつも決まって『神様はどこにいるの？ だれが神様をつくったの？』と難しい質問ばかりして私を困らせたのよ」

と微笑む目が少し涙で潤んでいた。

やっぱり寂しいよね。この時ばかりは、僕が一人で来た事を少し後悔した。

神様の試験

夜寝ていると、突然聞こえるかん高い叫び声。

「何だ。どうした」

僕はベッドから飛び起きた。いつもの習慣であわてて時計を見ると、まだ朝の四時三〇分だ。

「やかましい。近所迷惑なんだよ」

最初は吃驚、激怒していたが、目が覚めるにつれ、デディが言っていたことを思い出した。

「これが、噂のイスラム教のコーランか」

イスラムの朝は、モスクのスピーカーから出されるコーランで始まる。この時間までに人々は目を覚まし、身を清め、かん高いアラビア語の雄叫びを待つという。一日に五回流れる声のなかでは、朝の一発目がいろいろな意味で一番体に響く。

「何日か聞くと慣れるよ。結構気持ちいい子守歌だよ、あれは」

とは言っていたが、初めて聞く魂の叫びは、僕には強烈すぎた。

目が完全に覚めたので、トイレに行こうとして部屋を出るとマハメド ハタがすでに起きていた。どうやらお祈りしているようだ。感心しながら用を済ますと、隣の部屋でぐっすり寝ているユーディンとアピンが見えた。そして僕は確信した。「これはきっと神様が与えた信仰心の試験なんだ」と。

ランブータンの村

朝、庭にある竹で作った長椅子で、ユーディンといつも出される甘い紅茶を飲んでいるとアピンがやって来た。

「いいところに連れていってやるよ」

と言い、早く準備をするようにせかす。僕が、

「何だよ、急に。どこへ行くんだ」

と聞く、隣に座っていたユーディンが握り拳から親指を突きだして、

「いいところだよ」

とジェスチャーで教えてくれた。どうやら彼も行き先を知っているらしい。ユーディンと僕は共通言語を持っていない。彼との会話はほとんど、身振り手振りで行われる。

彼らの友人のアディンを加え、二台のバイクで目的地に向かう。マタラム市内を抜けると、のどかな田園風景が広がっていた。田んぼのはるか向こうにロンボック島最高峰のリンジャニ山が見える。前に乗るアピンからあの山に登った時のおもしろエピソードを聞き

郵便はがき

恐縮ですが
切手を貼っ
てお出しく
ださい

1 6 0 - 0 0 2 2

東京都新宿区
新宿 1－10－1
(株) 文芸社
ご愛読者カード係行

書　名				
お買上 書店名	都道 府県　　　　市区 郡　　　　　　書店			
ふりがな お名前			明治 大正 昭和　　年生　　歳	
ふりがな ご住所	□□□-□□□□			性別 男・女
お電話 番　号	（書籍ご注文の際に必要です）	ご職業		

お買い求めの動機
1．書店店頭で見て　2．小社の目録を見て　3．人にすすめられて
4．新聞広告、雑誌記事、書評を見て（新聞、雑誌名　　　　　　）

上の質問に 1. と答えられた方の直接的な動機
1. タイトル　2. 著者　3. 目次　4. カバーデザイン　5. 帯　6. その他（　　　）

ご購読新聞　　　　　　新聞	ご購読雑誌

文芸社の本をお買い求めいただき誠にありがとうございます。
この愛読者カードは今後の小社出版の企画およびイベント等の資料として役立たせていただきます。

本書についてのご意見、ご感想をお聞かせください。

① 内容について

② カバー、タイトルについて

今後、とりあげてほしいテーマを掲げてください。

最近読んでおもしろかった本と、その理由をお聞かせください。

ご自分の研究成果やお考えを出版してみたいというお気持ちはありますか。

ある　　ない　　内容・テーマ（　　　　　　　　　）

「ある」場合、小社から出版のご案内を希望されますか。

する　　しない

ご協力ありがとうございました。

〈ブックサービスのご案内〉

小社では、書籍の直接販売を料金着払いの宅急便サービスにて承っております。ご購入希望がございましたら下の欄に書名と冊数をお書きの上ご返送ください。（送料１回210円）

ご注文書名	冊数	ご注文書名	冊数
	冊		冊
	冊		冊

ながら、僕らは進む。

一時間ほど走っただろうか。二台のバイクは赤い実の生っている畑の道に入った。インドネシアに来てから、僕の大好物となったランブータンだ。

以前、日本の百貨店で見たことがあったが、その形からは食べたいという衝動には駆られることはなかった。クリのいがのような赤い皮をむくと、中から半透明な果肉が出てくる。すっきとした甘味を持つランブータン。マタラムの市場に行くと友人達を呆れさせるほどのランブータンを買う事が日課となっていた。

「美味そうだなぁ」

僕が言うと、アピンは運転しながら「だからいいところだって言っただろ」とばかりに顔をランブータン畑に向け、顎をしゃくり上げ得意そうな笑いを浮かべた。

しばらくすると畑の中の集落にはいる。ここはセサッ・アイクネットと呼ばれる村で、マタラムの人々にとっての避暑地にあたる。村の奥の一件の民家にバイクを乗り入れる。どうやらアピン達の知り合いらしい。庭にゴザを敷いて座っている住人達に、

「ア　サラマレコム」

と僕らは軽くおじぎをした。イスラムのお祈りの時間帯にするアラビア語の挨拶だ。彼ら

は笑って座るように手招きし、皿の上にあるランブータンを勧める。

アピンやユーディンが住人達と話をしている間、僕はずっと大好物を口に運んでいた。この村は、マタラムの市場のほぼ全てランブータンを出荷している、いわばランブータンの村。いたるところで栽培が行われており、庭にもランブータンの大きな木が立っている。皿上がなくなれば、すぐ木に登り、捥いでくれる。

ビッグマンディ

しばらくしてアピンが「そろそろ行こうぜ」と立ち上がった。ユーディンとアディンも彼に続く。まだランブータンを頬張っていた僕に、住民の一人が、「持っていきなさい」と僕の前にたくさんの赤いいがグリがついた枝をくれた。

「トゥリマカシ」

僕は覚え立てのインドネシア語を使ってお礼を言った。

四人で山道を歩く。僕がユーディンに、

「どこへ行くの？」

と手振りなしで尋ねると、彼は何となく質問の意味が分かったらしく、

「マンディ」

と一言。マンディとは水浴びの事である。元来、お祈りの前に身を清める事を意味する。

すぐに川に出た。川からは六、七メートルほどの滝が落ちており、その下には滝壺には
水が満々と溜まっている。僕らが立っている滝上から下を見ると、メチャクチャ怖い。

服を脱ぎパンツ一丁になる。最初のうちは滝上の浅瀬でじゃぶじゃぶやっていたが、そ
のうちアピンが、

「滝壺に飛び込もうぜ」

と言い出した。「子供の時によくやっていた」とあまりに自慢げに言うので、僕は「ホント
かよ」と思い、僕は怖いという素振りも見せずに、

「いいねぇ、みんなで同時に飛び込もうぜ」

と滝壺を見ながらこう言って、意地を張った。だがユーディンとアディンは黙ったままだ。

特にアディンは、

「危ないぞ。絶対、底は浅いはずだ」

と逃げ腰だ。「やった、助かった」と僕は心の中で思った。さっき自分で言った台詞をとても後悔していたのだ。その時アピンが、

「大丈夫だ。心配ない」

と言ってその場から滝壺に飛び込んだ。しかも頭から。

大きな水しぶきを上げ、彼は水の中に姿を消した。残った三人は下の様子を無言で見守る。滝から少し流された水面から、アピンが頭を出した。彼は大声で、

「気持ちいいぞ。早く来いよ」

と叫び、僕を手招きする。「しまった、やっぱり言うんじゃなかった」と思いながらも、つまらない意地を張った以上は、怖がることは許されない。滝横の大きくて前に突き出ている岩の上に立った。心の中で、「よし、行くぜ」と決心しても、足が動かない。すでにアピンが水から上がろうとしている。「彼が上がる前に飛ばなければ、何を言われるか分からない」と、一大決心、空中に体を投げ出す。もちろん足からだが。

空中に体全体が浮いたときは、本当に怖かった。あっという間に水中へ。川底は相当深いらしく僕の足には何も当たらない。水は冷た過ぎず気持ちいい。頭を水上に出すと、全員が拍手と指笛で迎えてくれた。こうなると次はアディンの番だ。

アディンが岩の上に立ってから、もう一〇分が経つ。何度も、

「いくぞ」

と叫んでは止めるアディン。その横を怖いもの知らずのアピンとすでに高さに慣れてしまった僕が次々飛び込む。可哀想にアディンの顔は恐怖と情けなさで引きつっている。駄目押しでアピンが、

「飛び込まないなら、もう帰るぞ」

と服を持ってきた。「そこまで言われたんじゃ男が廃る」とアディンは決意を固めた。アディンの足が今まで以上に大きく震え始めた次の瞬間、彼は飛び込んだ。

水から上がってきたアディンは子供のようにはしゃいだ。服を着て山道を歩いている間、さっきの『ビッグマンディ』の話で盛り上がる。だが三人の声しか聞こえない。そう、ユーディンは結局飛び込まなかった。

晩飯の時、飛び込まなかったユーディンを一番ツッコンでいたのは、もちろんアディンだった。

長距離バス

ユーディン、アピンそして僕の三人は、プラド・ラテゥまでのバスを街中で探していた。バス会社によって料金が違うので全ての会社をあたってみる。アピンが、

「冷房は必要か？」

と尋ねてきたので、僕はあまり何も考えず、

「いらないでしょう」

と答えた。冷房付きのバスはかなり割高になるのだ。すると彼が少し考えてから、

「インドネシアで、暖房の車の中で、おまえは一日耐えられるか？」

と尋ねてくる。僕がバカにしたように、

「そんなの無理に決まってるでしょう」

これを聞いたアピンが冷房付きのバスを予約した。冷房が付いていないバスに乗ると、席も狭く込んでいる。一応、長距離の場合は席は予約できるらしいのだが、通路などに荷物

や席を持たない人が溢れるため、車内は蒸し風呂状態になる。おまけにスピードが遅く時間がかかるので、かなりの厳しい旅になると判断したからだ。

二日後、バスターミナルで予約したバスを探す。バスには観光客や帰省する人、旅の行商人、物売り、物乞いなど様々な人が、何かの理由をつけて車内に入ろうと押し合っている。なかには「バスが出発するまでの間、僕の歌で楽しんでください」とギターを持ち込み歌い出す音楽家までいた。

昼をすっかり過ぎてから、やっとバスが出発した。州都マタラムから二時間ほどでロンボック島東端の港に着く。ここからフェリーでスンバワ島ポト・タノへ渡る。船内でさっき買ったパイナップルで遅い昼食をとる。ポト・タノでバス会社から支給される食事休憩を挟みさらにバスで八時間、小さな小さな村デンテェイに着いた時には、夜もすっかり更けていた。村の真っ暗なバス停に一人の男が立っていた。デディの親戚のおじさんである。迎えに来てくれていたのだ。彼の家で朝まで仮眠し、プラド・ラテゥ行きのバスを捕まえることになっている。おじさんの家に着いた時には僕らはふらふらで、あまり話も出来ずに、すぐに寝入ってしまった。

長距離バス番外編

インドネシアではバス、特に長距離バスで問題が発生することが多い。僕たちもプラド・ラテゥからの帰り道でこれに遭遇した。

ここはスンバワ島のビマのバスターミナル。ターミナル中の売店などをぐるぐる回り、観光気分に浸っていたが、今はそれも飽きてしまい、アピン達が座りこんでいるバス停に戻ってきた。僕も同じく地面に腰を下し、買ってきた紙袋に手をつっこみ、ピーナッツを取りだし、口に入れる。これを何百回繰り返したであろう。

さっきまで僕らの周りを囲んでいた物売りの子供達も、今は日々の生活と変わりなし、という感じで相手にもしてくれない。変わったことといえば、僕らが座り込んでいる地面に、ナッツの殻の山ができたことぐらいである。

「いったい何時になったらバスは来るんだ?」

という僕の問いに、山の共同製作者であるアピンは、

「あと五分」

と笑いながらピーナッツを口に入れる。ユーディンはというと、ひたすら読書に没頭し、自分の世界に入ってしまい僕の声さえ聞いてくれない。

僕らは一台のバスを朝から六時間待っている。僕にとってバスは時間通りやって来るもの、最悪なケースとしてバスが不慮の事故や渋滞に巻き込まれ遅れたとしても、せいぜい一時間でやって来るだろうと考えてしまう。でも、アピンやユーディンにとっては、普段と何ら変わらないといった感じで気にもとめない。突然アピンが僕に、

「日本からここまで何時間かかった？」

と尋ねてきた。僕は、

「はっきり覚えていないけど、七時間ぐらいかな」

と言うと、アピンが笑いながら、

「もうすぐ日本に着いちゃうね」

と笑い出した。

諦めた僕はその場に横になり、ふて寝を始めた。

中と外

市場のはずれにあるバス停に、小さなバスが止まっていた。凸凹の山道を登るため、普通のバスより車高が少し高い。今日はこれに乗り、最終目的地プラド・ラテゥを目指す。

「少し早めにバス停に行った方がいい」

ユーディンのおじさんが言っていた理由が、今分かった。すでに車内の客席は、ほとんど埋まっているのだ。運転席の横のドアからユーディンが中を覗くと、

「後ろの方にまだ空きがある」

と指差しながら叫ぶ。急いでアピンと僕が車外を走って後方のドアから中へ入り、なんとか三人分の席を確保した。バスの出発を待っていると、どんどん人と荷物が入ってくる。あっと言う間に、車内の全ての空間が人と荷物で埋め尽くされた。


バスがゆっくりと動き出した。最初は町の中をぐるぐる回る。時々、商店らしき前で止

まる。バスの添乗員が素早く降りて、店の前にある荷物をバスの屋根に乗せる。店の主人はそれを見届けると、お金を添乗員に払う。ただし人間は一人も乗らない。どうやらこのバスは宅配便も兼任しているようだ。これを繰り返しているので、バスはなかなか前へ進まない。

日も高くなり時間が経つにつれ、車内の温度は上昇してきた。このバスには冷房などない。アピンも、

「インドネシアはやっぱり暑いね」

と少し離れた席から冗談を飛ばしながらも、額から汗を流している。もちろん僕の体からはそれ以上の汗が噴き出している。通路側のイスに座っている僕らには、少しだけ開く錆びついた窓からの風は全く当たらない。やっと町を抜けるとバスが急に止まった。

「休憩には早くないか？」

と思ったが、少しでも蒸し暑い車内から解放されたいという一心で、隣に座っていた赤ん坊連れの婦人に、「タバコを吸ってくるから、荷物を見ていて」とタバコの箱と絶妙なジェスチャーで、僕の意思を伝えた。彼女もどうやら理解したらしく、小さく頷いた。荷物を席に置き、通路にいる人と荷物をかき分けて、外へ出た。ユーディンとアピンも同じ考え

だったのか、僕に続いた。

外の空気がとても涼しく感じた。ここでバスが止まったのは料金の徴収のためだ。タバコを大きく吸いながら、バスの上を何気なく見ると、荷物と一緒に数人の男達が座っていた。

「バスの上に乗ってもいいの？」

隣で同じくタバコを吹かすユーディンに身振りを交じえて尋ねると、少し考えた彼は頷き、手をバスの上に向けた。僕が、

「暑い車内にいたくない。バスの上に行こう」

とユーディンにゆっくり喋ると、彼も大きく頷いた。アピンにもその事を伝えると、彼も僕らの意見に賛成した。

車内に戻り、隣の婦人に、

「トゥリマカシ」

と僕の荷物を見ていてくれたお礼を言うと、

「サマサマ（どういたしまして）」

笑って彼女が返してくれた。荷物を背負い再び外へ出る。

バスの上を覗くと、厳つそうな先客が数人座っていた。少し迷ったが、「ここはお仲間に入れていただこう」と屋根に上がった。先客達に笑顔で応え、ズタ袋に腰を下ろす。すると突然、袋がもぞもぞと動きだした。

「うわぁ、動いた」

吃驚し下を見ると、袋の向こう側から犬の頭が出ていた。バスには人と物しか乗ることができないが、こうしておくと荷物として扱ってくれるそうだ。今度は生きていない袋であることを確認しながら、柔らかそうな荷物を選び座る。バスが再び動き出した。太陽の光が少し強いが、風通しや荷物の座り心地といい、車内よりもはるかに快適だ。

だがこの極楽気分も長くは続かなかった。山道に入ると、路面は全く舗装されていない。バスは左右上下に大きく揺れ、高台の僕らは車内以上に大きく揺すぶられる。それだけならまだいいが、道の横に立っている木の枝が、時々僕らに向かって襲いかかってくる。気を抜くと、枝に激突し振り落とされかねない。

どうして狭く窮屈な車内に無理をしてまで乗るのか、どういう人が屋根に登るのかをやっとここで悟った。こんなことを繰り返しながら、凸凹くねくね山道を二時間ほど走ると視界が急に開けた。バスの終点でもある小さな山間の村、ここがデディの故郷　プラド・ラテゥである。

故郷

バスを降りた。三人でしばらく歩くと、一軒の家の前でユーディンが止まった。そして入り口にいた女性と懐かしそうに話を始める。彼女は、デディとユーディンの叔母さんシティ　アイシャだ。彼女に家に上がるように促される。先に上がったアピンに荷物を渡し、木のはしごを登る。プラド・ラテゥの家は全て高床式になっている。上がるとお婆さんが座っていた。僕とアピンがゆっくりとおじぎをし、そこに座った。

「……」

「……」

「……」

三人の間に沈黙が続く。僕がアピンに、

「何か話せよ」

と耳打ちすると、アピンも同じように小さな声で言った。

「忘れたのか？　おまえはもちろんだが、ここでは俺だって外国人だ」

そうそう思い出した。プラド・ラテゥでは、アピン達が使うインドネシアの公用語は一切通じない。ここではビマ語と呼ばれる地方言語が使われており、その言葉の形式は、ロンボック島などで使われている言語と全く異なっている、とユーディンがフェリーの中で教えてくれた。だから僕ら三人と住民が話をする時は、いろいろな種類の言語が飛び交うことになる。

村には今、先ほど僕らと沈黙を楽しんだデディのお婆さんシティ　マリャン、叔父さんのイブラヒム、そしてシティ　アイシャが住んでいる。
デディが母シティ　ハシャのお腹の中にいる時、彼の父は仕事を探すためプラド・ラテゥを離れた。今もそうだが、インドネシアで仕事を得るのは難しい。デディが誕生してからもしばらくの間、父不在の生活が続いた。その後、職を得て、家族でロンボック島に移り住んだのだ。

歩いてすぐのイブラヒムの家に上がる。ここでしばらくの間、僕らは生活することになる。この木造高床の家はすでに亡くなったデディの祖父ハジ　サレが建てたもので、デディはここで生まれた。

デディはプラド・ラテゥで生活していた時の記憶は、小さくて覚えていないと言う。しかしここに来ると何かを感じるという。もし自分がインドネシアに戻るなら、他のどこでもなくここプラド・ラテゥだ、と断言する。イスラムの世界では「子供が初めて髪を切る時は父親の故郷で切らなければならない」という習慣がある。故郷への回帰本能は、日本人と同じように強い。デディの髪もここプラド・ラテゥで切られたのだから、彼がこのような考えを持っているのは当然だといえる。しかし異国で暮らす彼にとっては、別な意味もあるような気がする。

何かを得ようとする時、必ず何かを犠牲にしなければならない。デディは新しい世界の中で、彼が持っている「何か」を知らないうちに置き忘れてしまい、誕生の土地、自身の原点に戻ると、それは「何か」が彼にははっきりと見えてくるのではないだろうか。

自分を冷静に判断できる場所、それが自分自身の故郷と言えるはずだ。

早朝の静寂

朝、村はずれにある川に向かって僕ら三人は歩いている。マンディに行くのだ。家から少し離れた便所の横にもマンディ用のスペースがある。だがジャングルの中のマンディは格別で、比べものにならない。僕が一日に何度もジャングルマンディに行くので、友人達から「マンディ」とインドネシア・ネームをもらったほど、僕のお気に入りの場所になっていた。

長いバナナの並木道を通り、集落を抜けると稲作が行われている田んぼに出た。この集落の住民ほとんどが、稲作を中心とする農業で生計を立てている。プラド・ラテゥは、スンバワ島内でも肥沃な地として有名で、一年のうち米を二回と豆類等を一回収穫する。田植えは昔の日本と同じように、手作業できれいな平行な線を描きながら苗を植えていく。朝も早いというのに、すでに田んぼには人影が見える。

あぜ道をゆっくり田園風景を満喫しながら歩いていると、朝靄の中からばたばた足音と笑い声が一緒にやってくる。振り返ると、十数人の子供が先を争って走ってくる。ある子はあぜ道を転げ落ちながら、泣きながら。早朝という時間を無視して、わいわいがやがや。あまりの騒々しさに、後ろにいたアピンに、

「少し静かにさせようぜ」

僕が言ったが、彼は首を横に振り、

「無理。おまえが言えよ」

と返された。ユーディンがビマ語で子供達を制そうと叫ぶが、発音が悪いのか、子供達はさらに勢いを上げてくる。追いつかれては大変、と三人は走る。子供も続いて走る走る。早朝、静寂な田んぼの中に、いろいろな言葉がこだまする。

次の人生

プラド・ラテゥの夜は長い。

小さく灯る蠟燭を囲むようにして人の輪ができた。デディの事は、村のみんなが知って

いる。遠い異国で生活する彼は、村の自慢になっている。多くの村民がスンバワ島から、いやプラド・ラテゥからも出たことがないらしい。この地で生を授かり、ここで一生を過ごすのだ。

遠い世界に行く　誰もが一度は憧れるだろう
希望と夢、不安を背負い旅立つ
だが一方では、好奇心という荷物を抱えながら
現実という大海を越えられぬ人も存在する

虫の声を聞きながら、ユーディンとアピンそして僕との話は夜更けまで続く。デディの話はもちろんインドネシアや日本のこと、そして宗教や旅、仕事、生活、夢。話は尽きることがない。突然アピンが、

「デディは羨ましい。俺も色々なものを見てみたい。でも無理かな」

と呟いた。確かに、金銭的なことだけ考えても難しいだろう。慰めの言葉が出ない。それほど彼の言葉の意味することは、友達である僕にとって辛いものだった。何も言えなくなっ

た。好き勝手に旅を続けてきた自分に罪悪感さえ覚えた。

あたりに虫の声だけが響く。黙っている僕を見て、察したかのように彼は、

「Next Life .」

と微笑んだ。さらにこうつけ加えた。

「生の終わりはない。死は終了を意味しない。死を迎えれば、次の生が始まる。今の人生を精一杯生きれば、新たな世界が必ずやってくる」

その言葉は力強く、そして彼らの信念を僕は感じた。


「See you next life !」別れの日、友人達は笑いながらこう言った。


人生や旅に対する新しい考えを持った喜びと、過去に宗教などを全く勉強しなかった後悔と恥ずかしさを抱えて、僕の乗った飛行機はインドネシアを離れた。

「See you next life !」

窓から見える美しい無数の島々を目に焼きつけながら、「帰ったら図書館に行って、宗教の本に目を通してみよう。少しでもいいから自分自身の宗教観を持ちたい」と今まで持っ

たことがない考えが生れた。

でもイスラムの教えを請うのは、もう少し先にしておこう、と右手にしっかり握られた冷たい缶ビールを見ながら確信した。

光穂の海

夢の途中

JAPAN

【早春】

変わり者

朝、雪の残る羅臼岳《らうすだけ》を横目に、僕は海沿いの道に自転車を走らせている。

「寒い。まだ上着がいるな」

春の初め、冷たい風を全身で感じながら、自転車のペダルを踏む。目の前に広がるオホーツク海では、漁を終えた漁師が、港を目指して船を進めているのが見えた。

「急がなきゃ」

さらに自転車のスピードを上げる。日本最北東端、北海道羅臼の海岸線を僕は走っている。

港に入ると、すでに岸壁には、たくさんの船が戻っていた。帰港した船の周りでは、船頭やその家族、船の甲板員達が「出面取り」と呼ばれる、網から魚を外す作業に追われている。その見事な手つきと黙々とそして呼吸の合った動きに感心していると、ひとりの男に眼がいった。本人曰く「まだまだ都会の顔なんだよ」と無理矢理に僕を説得しようとするのは、羅臼で漁師をしている横前光穂だ。顔のことはともかく、その手際のよさは、彼が地の人ではなく、海を持たない埼玉県から移り住んだとは、仲間の漁師達も忘れているだろう。

昔から誰もが夢見る旅に、光穂も同じく憧れていた。東京の高校在学中に、友人と初めて訪れた北海道に感動し、夏休みを利用して旅人宿でバイトを始めた。いったんは内地に戻るが、一度魅了された世界が忘れられず、大学を中退、今度は牧場での生活を始める。たまたまふらっと来た羅臼で昆布漁を手伝っていると、

「船に乗ってみないか？」

と知り合いになった船頭が声をかけた。もともと好奇心旺盛な彼が、この魅力的な誘いに首を横に振るはずがなかった。「えっ、大丈夫か？　こんな簡単に？」と思えるほどの即答で、彼の人生が大きく変わった。羅臼で漁師になって今年一八年目を迎える。

意地

「やっぱりこの季節がいいよなぁ」
港からの帰り道、淡い緑の景色を見ながら光穂は呟く。厳しい冬の間、白と黒のコントラストで覆われるオホーツク海で過ごす彼にとって、長い冬の終わりを迎え新たな息吹が溢れ出す、この緑の色が一番のお気に入りだ。彼自身も、毎年七月から翌三月までが船上での操業なので、この時期は陸での出面取りの手伝い以外は、淡緑の中でゆっくりとした時間を楽しんでいる。

夜、羅臼の町人で作った無料の熊の湯露天風呂に誘われた。川の流れる音以外、何も聞こえない真っ暗な山の中に、湯煙が見える。歩いていくと、すでに湯舟には二、三人の先客がいた。どうやら光穂の知り合いの漁師仲間のようだ。ここではいつも決まった時間に、同じ顔ぶれが揃う。彼らは漁の疲れを温泉で気持ちよさそうに癒している。僕も冷えきった体を温めようと、足から湯をかける。

「熱っ」

思わず反射的に足を引っ込める。湯が熱すぎるのだ。

「今日の湯は、熱くねえぞ」

光穂達が笑った。「何を言っているんだ。これが熱くなくて何が熱いというのか」と思いながらも、平気で入っている彼らを見ているとちょっと悔しい。少しずつ慣らしながら……と思ってもやっぱり熱いものは熱い。何度目かの試みで、ようやく湯舟に体を沈めることができた。

「慣れれば平気だね。気持ちいいよ」

僕は負けじと強がりを言った。でも湯の中では全く動けない。体を動かし、湯を波立たせると熱さが我慢できなくなりそうなので、僕はじっとしていた。身動きできない僕に、

「最初は俺も大変だったんだ」

光穂が笑いながら言い、そしてゆっくり羅臼に来た頃の新米漁師だった自分を振りかえってくれた。

光穂が船に乗り始めたとき、羅臼の港は今とは比べられないほど活気があった。海に網を入れると、網目が全く見えなくなるほど魚がかかる。船の甲板は魚で溢れ、船体を大きく傾けながら港に戻る。港の岸壁では、船頭が雇った人達のほかに、親、兄弟そして親戚など、あらゆる人が集められ、彼らが黙って体を動かし続けても、終わりが全く想像できないほどの魚が、辺り一面山のように積まれていた。

「その時の最漁期はほとんど寝なかったよ」

光穂が懐かしそうに言う。一般的に羅臼の漁師は、冬期以外は夜中一時頃海に出る。船を動かす船頭以外の甲板員は漁場に着くまで、暗い船底の簡易ベッドで身体を休める。船が止まると操縦室から合図のベルが短く鳴り、眠い目をこすりながら彼らが船室から這い出てくる。ここから目的のポイントまで何本かの網を海に入れる。サシ網漁と呼ばれる漁法だ。船上の全ての網がなくなると、今度は一転して、さしておいた網を回収し続けながら港に戻る。これを漁師たちは即席と呼ぶ。今はほとんどがこの一工程だが、当時もっとも忙しい時期には、一日で二回三回とこの作業を繰り返したという。

知人もなく、「魚と言えば鯛とサンマ」ぐらいしか思い浮かばない弱冠十九歳の光穂が、そんな忙しい頃に強者玄人集団の船に飛び込んだのだ。他の甲板員達の見様見真似、無我夢中で昼夜を問わず働く。動いては怒られ、怒られては動いての連続だったという。さらに羅臼の漁師言葉は多少きついので、好意を持って喋ってくれても、何となく厳しく怒られているように聞こえてしまう。

「何がなんでも三年は我慢しよう、と決めていたよ。だって、だから都会の人間は……、なんて地元の人から言われたら悔しいでしょ。でも今は漁師好きだよ」

笑いながら負けず嫌いの光穂が言った。今の彼の働く姿からは、当時の苦労は想像出来ない。

「そうそう、やっぱり人間は我慢が大切だよな」

彼の長い長い思い出話に、僕にはやっぱり熱すぎる湯の中で納得した。

冗談

羅臼での僕の足、自転車。それを全力でこぐ、こぐ、ひたすらこぐ。しかしなかなか前に進まない。カーブを抜けると、さらに急傾の上りが待っていた。永遠に続くと思われる

坂に諦め、自転車を押しながら歩く、歩く、ひたすら歩くという作業に変更する。しばらくすると、通り過ぎる車から、

「ガンバレ」

「しっかり。もう少しだ」

などの声援が飛ぶ。僕は苦笑いをしながら手を振り、「せっかく応援されたのだから」と再び自転車のサドルにまたがり、ペダルを全力で踏む。でも内心では「もう誰も来ないで。お願いだから僕を応援しないでくれ」と訴えていた。

「何で自転車にしたのだろう」

後悔しながら、朝の光穂達との会話が頭に浮かんだ。


朝起きると、太陽は高かった。外は晴れていたが、今日は日曜日で漁が休みなので、布団の中でひとり惰眠をむさぼっていたのだ。何をしようかと僕が考えながら、遅い朝食をとっていると、

「羅臼湖にでも行ってくれば」

と地元の寄り合いに向かう光穂が玄関から叫んだ。羅臼湖は、知床峠に行く少し手前にあ

る。

「天気もよいし、トレッキングがてら、行ってみるか」

早速、僕はバックパックに荷物を詰め始める。出かける前、留守番をしている羅臼生まれの光穂の奥さんに、

「羅臼湖の山道までヒッチハイクで行けるよね？」

と尋ねた。すると彼女はにっこり笑って、

「ヒッチもいいけど、帰りのことを考えたら自転車の方がいいんじゃない」

と答えた。「なるほど、それもそうだ。行きは少々辛くても、自転車の方が帰りは楽だよな」

と僕は自転車を選んだ。

この浅はかな考えが僕の命取りになった。

「少々じゃない。すごく辛いぞ、この峠は」

「光穂の嫁に騙された」

「カワイイ顔してキツイぞ」

訳も分からない、ありったけの不平不満をバネにペダルをこぐこと三時間、やっとのこと

で羅臼湖への山道入り口に到着。

「あとは歩いて行くだけだ」

呼吸を大きく乱しながらも、僕は息巻いていたが、雪が積もっていて羅臼湖に続く道が分からない。雪上に残る登山者の足跡を探すものの全く見当らない。「まあ、とりあえず」と丘をひとつ越えてみたが、羅臼湖が何処にあるのか、見当もつかない。「もう少し。もう少しだけ先に行ってみよう」と道らしき笹林を歩き始めたが、だんだん不安になってきた。辺りには人影もなく、不気味なほど静かだ。

「春先、羅臼湖周辺は熊のパラダイスだから気をつけて」

と言っていた光穂の奥さんからヒグマ避けの鈴を渡されていた。

「カラン、カラン」

熊よけの鈴だけが背中で鳴っていた。そういえば新聞に北海道で熊遭遇の事故が、今年は多発してるって書いてあったよなあ。肝心な事はすぐ忘れ、変な事だけは覚えてるんだよなぁ、俺って。

「カラン、カラン」

この鈴の音がやけに僕の耳に残った。頭の中に空想の世界が、しかも最悪の状況のことを……。もうダメ、これ以上はダメ。不安に思ったら、もうおしまい。僕はダッシュで来た道を戻っていた。いつの間にか最初に登った丘まで、全く振り返らずに走りきっていた。全力でここまで走り、さらに暖かい陽気も手伝って喉はカラカラだ。水を飲もうと水筒に口をつけたが、予想以上の爆走自転車運転もあって中は空っぽだ。

「湖に行けば水を補充できると思っていたのに……」

少しがっかりしたが、素直に水場を探すことにした。これだけ雪が残っているのだから、どこかに雪解けの水場があるはずだと思ったからだ。案の定、きれいな雪渓の水溜まりが見つかった。清水を手にすくい、

「美味い、美味い」

と一心不乱に飲んだ。喉の渇きもすっかり癒え、坂道大激走の疲れと春の陽気も手伝って、今度は眠たくなってきた。時間はたっぷりある事だしと思い、日当たりがよく、多分熊が来ない（?）と思われるところで僕は昼寝を始めた。

　何時間経っただろうか。気がつくと太陽が傾き始めていた。時計を見るともう四時だ。

「ヤバイ、寝すぎた。ゲートが閉まってしまう」

慌てて飛び起き、自転車の置いてある国道まで駆け降りる。峠に通じる道は四時三〇分でゲートが閉まってしまうのだ。しかし帰路は快速、快適だ。下り坂のため自転車のペダルを一度も踏まずに降りることができた。行きとは別世界。途中、オホーツクの海を挟んでロシア領国後島を望む美しい知床峠の風景を見る余裕もあった。

無事ゲートをくぐり、光穂の家に帰ると、光穂と彼の奥さんに、

「ホントに自転車で行ったんだ」

「本気にするんだもんなぁ」

と大笑いされた。彼らが言うには、僕が苦労して上がった知床峠は、チャリダー（北海道を旅する自転車乗り）でさえ敬遠したがる難所だそうだ。

「でも自転車で行ったおかげで、逆によかったよ」

僕が国後の美しい眺望や本当に美味しかった水のことを自慢しながら話すと、

「あーっ、知ってた？　あそこはキタキツネが多いから、雪解けの溜まり水飲んだら、エキノコックスに感染するんだよ。死んじゃうよ」

笑いながら彼女は言った。

「……」

目が点になった。僕は、

「ねえ、それも冗談だよね」

と尋ねたが、彼女は笑い続けたままだった。

問題

船頭の川口勝利さんが、船の操縦席から、

「おーい、大丈夫か？」

笑いながら問い、

「いーす、大丈夫だよ」

なぜか遠くの空を見続けながら僕が答える。僕のそばで忙しく働く甲板員達も同じことを訊いてくる。その度に僕は言う。

「大丈夫」

でも本当のところ、今、決して大丈夫ではない。僕は微妙な揺れにも非常に敏感で繊細な神経を持っている。つまり簡単に言えば極端に船に弱いのである。決して水が苦手なのではない、まして怖いわけでもない。ただこの同じリズムで繰り返される微妙な揺れが大嫌いなのだ。油断すると、昨晩食卓の皿の上にのっていた美味しかったホッケが、形を変えて全て海に戻され、小魚の餌になるという単純食物連鎖が僕の目の前で繰り広げられることになる。

「夏は外海に出るのに……」

港から一〇分程離れた、俗に言うベタ凪の状態の海の上で、僕の口から大きなため息がでた。

【盛夏】

外海

海に出ると、漁師の顔は変わる。陸では冗談ばかりのにやけた光穂も、海では別人のような厳しい顔を持つ。話しかけるのも少し怖いぐらいだ。海も同じだ。防波堤に守られた穏やかな湾内と、潮の流れの速い羅臼の外海では全く違う。出航前の漁師達の、

「今日は穏やかだ」

と笑っていた顔が、もう僕には思い出せない。そう、外海は揺れに揺れていた。と言うより、彼ら漁師にとっては穏やかな海でも、僕にとっては全く違った。真っ暗の闇から波が生まれ、その黒い波が僕の頭だけを何度もくるくる回すといった感じだ。

今、僕は中島政美さんが舵を取る美島丸の甲板にいる。知床半島の先端の漁場に向かうため深夜一時に港を出たところだ。出航すると漁場に着くまでは、船を操る船頭以外の甲

板員は仕事が無い。漁場まで船底で仮眠をとれ、と船頭の弟、甲板員の幸博さんに勧められたが、僕は首を振った。すでに船酔いが始まっていたからだ。しょうがないと、彼は何年も使ってなさそうな海水で干からびたライフジャケットを、僕の頭から強引に被せた。

「船の端に絶対行くなよ。うねりで海に落ちるぞ。暗い海に落ちたら誰も気づかない。海の水温は低いから落ちたらすぐ死ぬことになるぞ」

という強い言葉を残し、船頭は操縦室、光穂を含む甲板員達は船底の仮眠室へ降りていく。甲板には漁場に急ぐエンジンの爆音と僕だけが残った。


夏だというのに船上に吹く風は冷たい。暗闇の中、一人でいる心細さも加わって、甲板は冬のように寒い。強度の船酔いのため、僕は船底の仮眠室はおろかストーブがある暖かい船室にも入れない。船縁にまとわりつく黒いオイルのようなうねりを見ながら、

「陸に帰りたい」

「暖かい布団で寝たい」

「楽になりたい」

もはや半泣き状態である。なるべく冷風から逃れるため、船尾の網置き場の陰に座りこむ。

寒さと吐き気のため、眠たくても眠れない。そんな状態がしばらく続いた。

吐き気と眠気でボーッとする頭で、僕はふと考えた。船は前後左右に揺れるから、もしかして揺れの中心である船の真ん中は、揺れが少しは弱いのではないか。

「そうだ、絶対そうだよ」

この事態で、よくこんな良いアイデアが浮かんだものだ。もしかして俺って頭イイかも、と自画自賛。さっきまでの半べそ状態が一転、笑顔に変わる。よたよたしながらも細心の注意を払い、移動開始。希望の光を信じて船の真ん中を目指す。海から網を引き上げる場所でもある船の中心は、風除けシートで覆われており少しは風を凌げ、寒さから身を守ることが出来そうだ。まさに一石二鳥。もうすぐ船酔いともおさらば、自信満々で船の中心に立った。しかしすぐにこの自分勝手な説は否定された。

「なんだ、全然変わらないじゃないか」

冷静に考えれば当然である。こんな小さな船では中心も端も関係ない。揺れはどこでも同じである。落胆した僕はその場にしゃがみこんだ。ただこんな空しい努力もあってか、いつの間にか僕はそこで眠ることができた。

足音で僕は目が覚めた。最初の網入れのため、甲板員達が船底から這い出てきたのだ。まもなく船は漁場に着き、しばらくすると漆黒のオホーツクの海から、真っ赤に昇る朝日が顔を出した。冷たい海が色を取り戻した。

法則

漁を終え、帰港するため船が全速で進んでいると、必ずカモメ達が追っかけてくる。漁師たちが網から魚を外す際に、雑魚やキズモノ、また漁師の敵クサウオと呼ばれる（名前の由来通りの臭い）魚などがいると、それらは海に捨てられる。その魚をカモメは狙っているのだ。一艘の船が何羽ものカモメを従えて走る。ただカモメにとって、あまり食事を与えてくれないケチな（？）船には、用無しと判断して追いかけるのを止めて、水面で翼を休め、気前のいい船が来るのをじっと待つ。

僕らの船は、カモメに太っ腹な船と認定されたのか、多くのカモメを引き連れての行進となった。船尾で魚の処理の手伝いをしていると、飛んでいるカモメの一羽が船縁に止まった。よほどお腹が空いていたのか、もう待ちきれないといった感じだ。すると、

「俺も、俺も」

一羽、また一羽と船に殺到。いつの間にか五羽のカモメが、メジャーで計ったかのように等間隔に、横一列で船縁に止まっている。まるで体育の授業で、号令をかけられた生徒のように、きれいに整列している。食事をもらうため、行儀よくしているのかもしれないこの光景は、見ていて笑えてしまう。しばらく餌を与えないと、短気なカモメは、

「へっ、この船しけてンなぁ」

と減らず口を残して去っていく。すると飛立った同じ場所に、また別のカモメが、

「次は俺の番」

とばかりに止まりにくる。順番待ちをしているのだ。でも約束事があるかのように、絶対に、横一列の等間隔を壊すことはない。船縁の定員は五羽と決まっているのだ。

勘

夜、光穂が言った。

「明日は船に乗れないかも」

少しは船酔いにも慣れてきた僕が、

「どうして？」

と尋ねると、台風が北海道に近づいていて、海が時化《シケ》、漁が休みになる可能性がでてきたからだと言う。それじゃあ仕方がない、と思いながらも少し嬉しい。

翌日は予想に反して晴れた。ただ海は台風の影響で、波が高い。やはり漁は休みになった。昼時、春先に来たときに船に乗せてもらった、船頭の川口さんの家に遊びに行くことにした。昨日、港で再会した船頭のお婆ちゃん、千代子さんが僕のことを覚えていてくれて、「カニ汁食べに来い」と誘われていたからだ。

川口さんの家は漁師一家だ。昭和八年生まれの義治さんを筆頭に、千代子婆、長男で船頭でもある勝利さんと陽気な奥さん、休みがあるとすぐ釧路に遊びに行ってしまう次男の義人さんが、海岸沿いの一軒の家で同居している。

玄関を入ると義治爺が焼酎を飲んでいた。すでに顔が赤い。船の上では無口、言葉全てを背中で語る渋い義治さんも、アルコールが入ると豹変する。

「入ってこい」

と呼ばれ、それから二人で新鮮なイカをあてに飲み始めた。義治爺は漁師歴五〇年の超ベテラン漁師。昔は手漕ぎの舟で漁をしていたそうだ。船が機械化された頃、長男の勝利さんに船を操る船頭を交代してもらった。しばらくすると家族みんなが集まって、昼だというのに宴会が始まった。漁の話や昔の羅臼、ギャンブル狂義人さんの話など、陽の高い酒宴に終わりはない。そのうち台風の話になった。もう顔が真っ赤な義治爺が、

「しばらく台風は来ねえぞ」

と言い出した。彼が言うには、この台風は本州で停滞するというのだ。

「でも明日、羅臼を直撃するって書いてあるよ」

新聞の天気図を見ながら全員が声を揃えると、首を横に振りながら否定した。

「違う。俺にはわかる」

長年の漁師の勘だ。台風が羅臼を通過するのは、三日後ぐらいだと主張し始めた。

「じゃあ、賭けようか？」

とみんなが笑いながら言うと、義治さんは真っ赤な顔で大きく頷いた。

その日の夜中から、天気予報どおり羅臼は暴風圏内に入り、海は大荒れ。長年の漁師の勘も、アルコールには勝てなかった。

旅の人

夏の羅臼には、ライダーやチャリダーなどさまざまな旅の人がやって来る（羅臼では旅行者を「旅の人」と呼ぶ）。海岸沿いを歩いていると、大きな荷物を後ろに積んで、気分爽快に走っているのを目にする。形は少し違うが、光穂も同じ旅の人であったのだから、

「この人達の中にも羅臼に居着いて、漁師になる人がいるのかなぁ？」

と光穂と話をしていると、

「夏の間、昆布漁を手伝う旅の人は多いよ」

と彼が言った。光穂自身も含め、多くの知り合いの旅の人が、これを手伝った経験があるそうだ。

鍋料理などで使われる有名な羅臼昆布は、羅臼の浜から知床半島先端にかけて、いたるところで行われている。天候によって多少の誤差はあるが、毎年七月二十日から八月三一日が羅臼昆布の原料となる「鬼昆布」の漁期である。この昆布に羅臼特有の加工をほどこす。海水を含んだ鬼昆布を、陽の光で乾燥させ、再び夜露により湿らせる（しめりを入れる）。これによって軟らかくなった昆布のシワを伸ばす。それをもう一度、干して（日入れ）、余分な部分を切り落とすと羅臼昆布の出来上がりである。

昆布の漁期は、一日か二日の盆休み以外、休まず行われる。作業期間は、昆布漁の親方と寝食を共にする、いわゆる缶詰状態だ。ただ、旅の資金が貯まり、寝床と食事の心配のないこの仕事は、旅の人に重宝されている。

「サシ網漁みたいに、外海に出る人はいないの？」

僕が光穂に尋ねると、彼は少し渋い顔で、

「前に漁師になりたいから、船頭を紹介してくれって頼みに来た人がいたよ。でもすぐに夜逃げしちゃったけどね」

と話してくれた。僕には何となくだが、逃げ出した人の気持ちが分かった。漁師の仕事は、小さい頃から何らかの形で、魚や船、そして海に慣れ親しんでいないと、なかなか続けられるものではない。それは一緒に船に乗ってみて、最初に僕が思ったことだ。中途半端な気持ちでは、羅臼の海にも地元漁師にも負けてしまうだろう。

「暑いから、アイスクリームでも買おうぜ」と売店に寄ると、店先に置いてある無人の自転車にカラスが群がっていた。光穂がカラスを追っ払う。よく見ると、後ろの荷物にくくりつけてあった袋の中のお菓子が散乱している。戻って来た自転車の持ち主に、光穂が、

「羅臼のカラスは強いから、食べ物はちゃんとバッグに入れとかないとやられちゃうよ」

と笑って言った。ここでは中途半端だと何にでもやられてしまうんだ、ウンウンと頷いて、僕はさらに納得した。

【残冬】

再び

「流氷？　あぁ、今来てるよ」

電話のむこう側から聞こえる光穂の酔っ払った声が言った。羅臼の流氷は、知床半島の反対側、宇登呂《うとろ》の海を埋め尽くした氷が、半島の先から溢れてやってくる。例年より今年は流氷の漂着が早いようだ。早速、僕は荷物をまとめ、羅臼行きの準備を始める。


久しぶりに訪れる羅臼、街はすっかり雪に覆われていた。ただ眩しい陽の光もあってか、想像していたより寒くはない。

「今年は雪が多いんだ」

迎えてくれた光穂が言った。ただちょっと残念そうに、

「でも流氷は二、三日前に岸から離れてしまった」

とつけ足した。少し前は流氷で海が埋め尽くされていたが、暖かい南風が吹いた影響で、氷が沖に離れてしまったらしい。結局、僕が滞在していた間、流氷が羅臼の岸に近づくことはなかった。

夜、新鮮なオホーツクの海の幸をたらふく腹に詰め込んだ後、近所の漁師達も集まって、いつものように酒宴が始まった。漁師達の飲みっぷりは豪快だ。明日、漁があるというのに飲むわ、飲むわ、もう誰も止められない。前までは、僕も一緒になって日本酒をガンガン空けていたが、僕にとって三度目の羅臼滞在。寝不足＋二日酔い＋船酔い＝地獄の方程式は、もう味わいたくない。調子に乗らないでちびちび僕が飲んでいると、横に座っていた真っ赤な顔の光穂が、

「あれっ、あんまり飲んでないね？」

と絡んできた。まだ理性を失っていない僕が、

「深夜の出港に備えてるから。もうすぐ寝るからね」

こう言い張ると、みんながいつもと違い、すんなり、

「寝てきていいよ」

と言い出した。何か気持ち悪いなと思ったが、そうまで優しく言ってくれるなら、と中座しようとすると、

「もったいないね。今日はこんな美味い日本酒があるのに。明日の漁は朝からでいいのに。ああっ勿体ない、勿体ない」

光穂が本当に嬉しそうにはしゃいでいる。冬場の漁の時間は夜中からではなく、漁協で定められた時間（朝六時頃）の出港を義務付けられているそうだ。

そういう訳で漁師達の酒宴は、もちろんノリノリの僕を含めて、深夜まで続いた。

余談

羅臼に来たとき、必ず口にしたい、お勧めのものがある。それは有名な馬糞ウニでも珍しい鮭のケイジでもない。それはホッケだ。そう、船に乗った時に光穂達が狙っていた魚だ。ただ、羅臼でもよく見る軒先で干してあるものではない。僕が食べたいのは、生のホッケである。この脂がのったホッケを一度食べると、都会の居酒屋でメニューにあるものな

どは、パサパサしていて、食えた代物ではないことがわかる。僕は、初めて生のホッケを食べてから、完全に虜になってしまった。しかし都会に輸送する時、ホッケは足が早く傷みやすいので、どうしても干物に加工してからとなるので、道内でもこれを口にすることは難しい。

今回も漁船から直送のホッケが食べられる。

「生ホッケとみそ汁、それに温かい御飯があれば何もいらないね」

僕が嬉しそうに話していたら、光穂と奥さんが一言。

「ない。今はスケソウダラの漁期だから、生ホッケはないよ」

「……」

余談として覚えておいてください。もし機会があれば御賞味あれ。

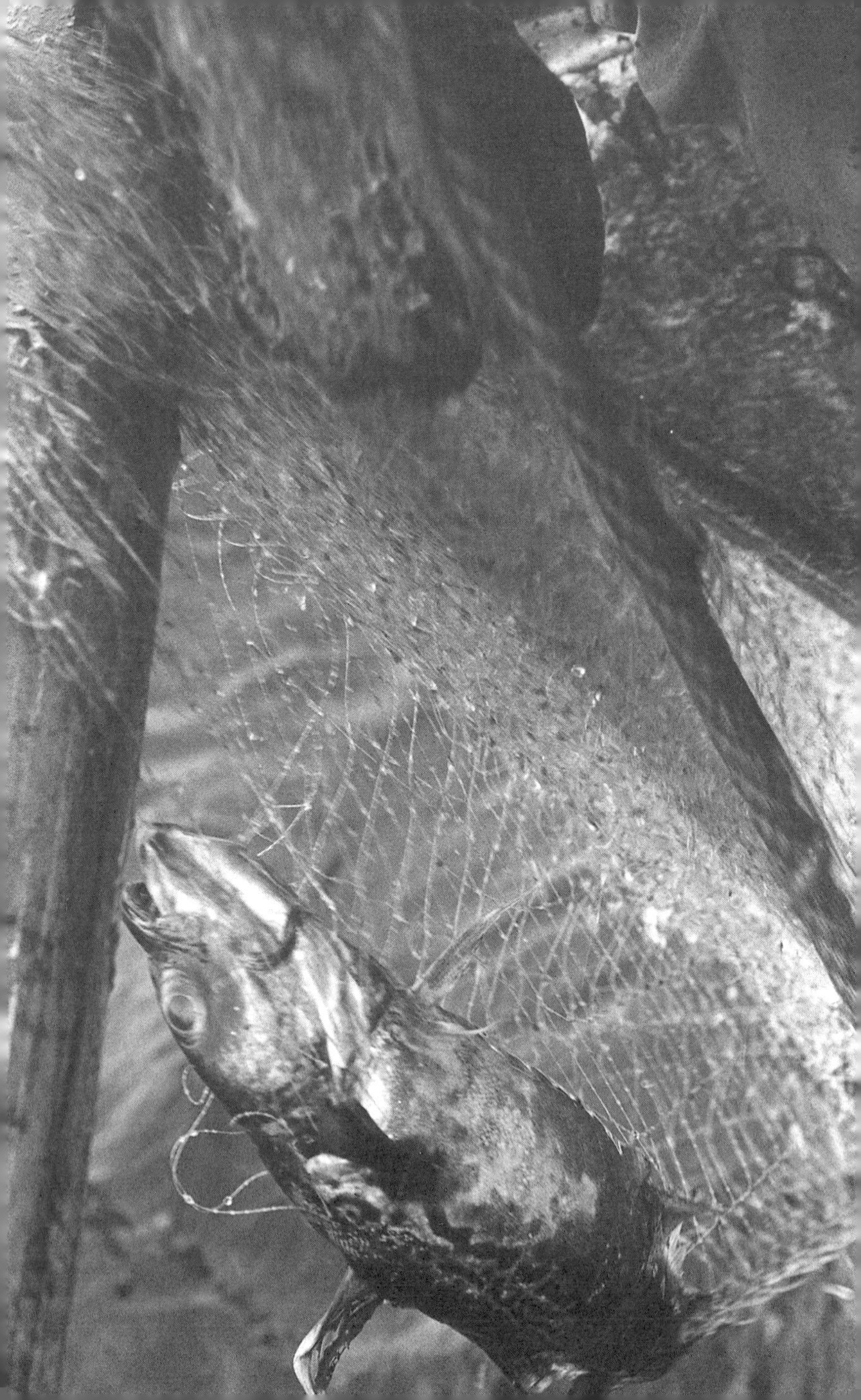

漁

まだ薄暗いなか、夏に乗船させてもらった美島丸に、船の甲板員でもある光穂と一緒に乗り込む。

「おぉ、また来たか」

「また船酔いするぞ」

と甲板員のみんなは、僕のことを覚えていてくれた。船頭の中島さんをはじめ、機関長の幸博さんや陽気な静雄さん、二枚目の哉さん、新婚の新二さんらと挨拶を交す。出航が夜中ではないので、酒も体に残っていないない状態。全員がとても元気だ。

黒い煙とけたたましいエンジン音が、未だ光のない空に放たれる。大きな白い息を吐きながら、漁師たちは出港準備に追われている。やがて東の空が白らんでくる。凍った海にも色が甦る、同時に停泊中の船が一斉に動き出した。船首を湾外に向け、船は外海を目指す。

湾外に出ると、光穂達は狭い船室で朝飯を腹に入れ、漁場に着くまでの間、身体を休める。この時期、狙うは海底近くで腹に卵を抱えるスケソウダラだ。一枚三五メートルの網を約五〇枚、その二セットをポイントを変えて海に入れる。流氷の影響もあり、夏の漁場ほど外海には出られない。流氷群を横目に、さらに冬の漁場を目指す。

しばらくすると船が止った。漁場の目印である竹の束をフックで引っ掛け、ロープを手繰り、昨日仕掛けておいた網を一気に上げにかかる。水深深くにいるスケソウダラを狙っているので、網を上げきるまでに要する時間は夏のホッケ漁の倍はかかる。誰も、何の指示も与えないが、個々の状況判断で仕事を分担し、同じ作業に疲れてくると瞬時に阿吽の呼吸で交代、見事に作業を進行していく。

「みんな早く仕事を終わらせて、パチンコに行きたいだけ」

と光穂は他の甲板員の作業を冷やかす。しかし不純な動機は別として、この動きは鮮やかとしか言いようがない。だがこの日は、風向きによって移動する流氷により、他の船の網と水中で絡まっていて巻き取りが容易ではないようだ。それでも双方の船が協力して絡まった網を解き、淡々と作業を進めていく。この共同作業も実に鮮やかだ。

やがて水面からスケソウダラの姿が現れた。

変化

漁場での船上、光穂達甲板員は全く息をつく暇がない。常に魚や網と格闘している。首筋からは湯気が立ちのぼる。二回目のサシ網も巻き上げ、明日上げる予定の網を海に向って列にして投げ入れると、船での仕事はほとんど終わりだ。気がつかないうちに、太陽も頭上に移動していた。長時間の緊張も解け、光穂の顔も普段の顔に戻る。さっきまでの近寄りがたい真剣な顔つきはどこへ行ったのか、仲間達と冗談を言い合っている。

船室で遅い昼飯を甲板員全員で食べる。獲れたての魚をぶち込んだ豪快なみそ汁と新鮮なイカの刺身、大盛りのどんぶり飯を頬張りながら、談笑に興じる。みそ汁の湯気と漁師達の身体から出る湯気が混り合い、狭い室内に充満する。漁師の料理は、海の男の匂いでもあると言わんばかりである。大きな寸胴鍋にあったみそ汁も、あっという間に無くなってしまった。残ったどんぶりの飯を食べている時、僕はふと気がついた。

「あれっ、船酔いは？」

どうやら少しは揺れに慣れたみたいで、あれだけ拒絶していた狭い船室や、断り続けていた飯も、いつの間にか克服していた。普通の人はともかく、船の匂いを嗅いだだけで気分が悪くなっていた重症の僕にとっては、大変な進歩である。

「人間って意外と変われるもんだね」

と僕が光穂に言うと、彼が笑いながらひと言。

「写真やめて、羅臼に住んで漁師やるか」

途中

「放浪？　そんな大袈裟なことしてないよ」

酒を飲みながら彼、光穂は笑った。ただ好きな土地に住み、自分の好きなことを始めただけだという。旅に憧れ、実行し、そのなかに現実の生活を築いた。とりあえず、今までは面白かったというところかな、とも話してくれた。彼の話には、気負いや焦りが一切感じられない。時間が流れるまま過ごし、別に特別なことはしていないという。

確かにどこからが夢で、どこまでが現実かは分からないが、それは自分自身で決めればいいことである。枠にこだわりすぎれば、自分の歩くべき所さえも失ってしまう。夢と現実は案外近くに位置するものかもしれない。

「旅、遊びはもう終わったよ。」

と彼はつけ加えた。でもね、光穂さん。砂浜のこと最後までビーチって言えなかった宮古島での話や沢登り、スノーボードでバックカントリーを始めたりしてる事は、旅や遊びじゃないのかって奥さん言ってましたよ。

まだ途中みたいですね

とりあえず知床峠で会いましょう、ボード持ってね

多くの人が放浪という言葉に憧れる。現実という言葉に嫌悪感を抱き、好奇心だけ持って新しい旅に出る。旅の途中、時々ふと考える事がある。今自分がしていることは、夢か

それとも現実？　そんな迷いが頭の中に広がることがある。自分がやっていることは、果たして正しい道なのだろうか。迷子になってはいないだろうか。
そんなことどちらでもいいことである。頭の中で生まれた悩みもふくめて、さらに新しい何かをやってみよう、がむしゃらに先にいこう。自分の道を進んでいけば、いつしか大切なものが見えてくる。夢を追い続ければ、必ず現実に変わることを信じて。

今はまだ夢の途中である

美しく厳しい自然が残る知床半島で、この男に会った時から、素直にそう思えるようになった。

大次郎の道

どこまでも

CHINA

会話

　ガラス越しのカウンターで、僕は中国人女性と顔を突き合わせている。僕は必死の形相、彼女は呆れ顔。緊迫した状態がしばらく続いていた。このままではいけないと思い、僕は再び行動を起こした。

『南宁行　今天（今日南宁に行きたい、と僕は書いたつもりである……）』と書かれた一枚の紙を胸の辺りまで持ち上げながら、身振り手振りで彼女に対して意思表示を始める。今、僕たちは言葉を使わず、お互いの意思の疎通を試みている真っ最中である。

　ここは中国華南、広東省の広州駅近くのバスターミナル。南寧（中国では南宁と表示されている）行きの長距離バスの切符を買おうとしていた。漢字を言語に持つ中国では、紙と鉛筆さえあれば筆談で大丈夫、ノー・プロープレムだと考えていた、がそれは甘かった。

　問題点は二つあった。ひとつは僕の問いに対して、相手側が質問するときの漢字の読み方は、中国語であること。しかしこれに関しては、紙に書いてもらえば何とか理解できる。

だが致命的なもうひとつの問題は、僕が漢字に極端に弱いことだ。小学校の漢字ドリルまでさかのぼり、高校時代に至るまで国語のテストは目も当てられない結果で、特に古文・漢文に関しては惨憺たるものだった。幸運にも僕は試験での席次がよく、周りの友達に協力（?）してもらいながら、やっと進学、卒業できたぐらいの漢字学習能力なのだ。そんな漢字未熟者と漢字熟練者との筆談で、意思の疎通ができるわけがない。さらに漢字によっては、中国と日本のものとでは、同じ文字でも全く意味が異なるものや、片方にしか実在しない文字もたくさんある。

『南宁行　今天　切符』

『何時　南宁行』

『願　願　願』

思いついた漢字を僕は書き続けたが、最後には彼女を怒らせてしまい、意味不明な漢字の羅列と僕の迫真のジェスチャーにも、二度と目を向けてくれなくなってしまった。そんなやりとりを何人かの切符の売り子と続け、やっと気の長いおばさんのカウンターでチケットを購入することができた。疲れ切った僕は、横の階段で荷物を下ろし、その場に座りこんだ。

「やっぱり香港は極楽だったんだなぁ」

いつでもコミュニケーションが簡単にとれた、香港での滞在を僕は思い出した。旅はイギリスから返還された香港から始まった。

こだわり

香港に着いた。真新しいチェクラップコク空港内を抜け、バスターミナルに急ぐ。今、僕は無口である、というより必要以上に喋らない努力をしているところである。バスで市街地へ、そして香港島に渡り、海沿いの公園に出た。

「おぉ、見えるぜ、中国だ」

ビクトリア湾を挟んで、ホテルなどのビル群が見えた。やっぱり中国大陸が見えるところを出発点にしたい。だからここに到着するまでは、香港の街もあまり見ないでおこう、とミーハー的な考えを前々から持っていた僕にとって、少し曇って霞んで見えた大陸の風景でも大満足だ。知らないうちに口元がニヤついている。なぜか海に向かって大声を上げそうにもなってきた。

「確か、青春ドラマって海に叫んでたよなぁ？」

「なんて叫んでたっけ？」

訳の分からない疑問が頭の中にもやもやしてきた。でも、

「ここは都会の真ん中なんだから……」

理性を持って変な欲求を抑え、しばらく公園のベンチでおとなしくビクトリア湾を眺めていた。一時間ぐらい経っただろうか、お腹も空いてきた。そろそろ今夜の宿を探そうと腰を上げ、今まで眺めていた対岸の九龍繁華街に向かうことにした。


油麻地の路地裏に宿をとり、そこを中心に数日間、昼夜を問わず歩き回った。天后廟で人間観察、市場に行って奇妙な食材に驚き、旺角の女人街で人混みに酔い気分が悪くなり、金魚屋で水槽の泳ぐ金魚を観賞しながら癒す。地下鉄で香港島へ渡り、中環の変な形のビルを見上げ、西營盤で職人の技を眺め、上環の魚屋のおばちゃんの包丁さばきに感心する。さらに銅鑼灣ではショッピング、カフェでお茶を。お腹が空けば廟街の屋台や安食堂、さらにマクドナルドでハンバーガーなどメニューは色々。観光客用に充実されたガイドブッ

クを開くと、全ての事がすぐ楽しめる。この街では何不自由なく滞在することができた。忙しそうに移動を繰り返す人々。歩く、走る。大人も子供も、他人のことはお構いなしといった感じで、振り向きもせず先を急ぐ。道路にも車やバス、タクシーが溢れ、ひっきりなしに往来している。横断歩道で信号待ちをしていると、「カチカチカチカチ……」という機械音が信号機から聞こえてくる。その音が「急げ、急げ」と僕の背中を押す。何故か香港にいると落ち着かない。町との相性があるとすれば、僕はこの町とは結ばれないといったところだろう。それとも僕が田舎者なのか……。しかし、はっきりと結論が出た。

「明日、香港を出よう」

翌朝、九龍の東にある紅磡駅から広州行きの高速軟席直通特快客車（高速鉄道）に乗り込んだ。車内はビジネスマンや観光客、帰省客などで込み合っていた。定刻どおりに列車は駅を離れ、ゆっくりと進み、一時間ほどで深圳に着いた。車窓からの深圳の町は、香港と同じように高いビルが立ち並んでいた。ただ偶然、アパートの一室に飾ってある大きな写真が見えた。それは中華人民共和国の建国者、中国共産党の故毛沢東主席の肖像写真である。香港では決して目にしなかったモノを見て、僕は改めて中国に足を踏み入れたことを実感した。駅のプラットホームでも、警備員が等間隔に配備されたものものしい雰囲気から、自由都市香港ときっぱり一線を画していることが分かった。

列車が深圳駅を出ると、周りの景色は一変。ビルはおろか建物さえもなくなり、窓いっぱいに田畑が広がる。どこまでも続く大地で、畑を耕す女たちの姿や、道の真ん中で悠々と食事を楽しむ牛、時折見える背の低い住宅近くでは、自転車や古いバイクにまたがる大人達や子供の喧嘩、放し飼いされている豚などが見える。

高層ビル群近代都市香港からの車窓の変化は、まるで歴史年表をさかのぼっているかのように、僕の眼に飛び込んでくる。そのうちに自分自身の変化にも気づいた。落ち着くというか、安らぐというか、僕の体の中にさっきまで満たされずにいたものが注ぎ込まれる。どうやら僕は土臭いものを好むようだ。別に『人間臭さ』とか『生活臭』とか難しいものではなく、ただ単純に『土の臭さ』が好きなのだ。泥遊びが大好きで、「もうすぐ遊園地に出かけるから、服汚したらダメ」とさんざん母親に言い含められていても、ドロドロで水溜りがたくさんある舗装されていない裏道の方が好きで、見つけると大喜びで近づいていく、あのころと全く同じだ。

「成長してないよなぁ」

と思いながらも、『もっと土臭いところ』をめざす僕の気持ちは今でも変わらず、この先もずっと同じだろうなと思った。

インチキ

広州東駅に着く。香港返還後も未だ機能している税関で、パスポートとビザの審査を済ませ、ゲートをくぐる。意外と静かな街なんだと思い、地図を広げ場所を確認すると、街の中心部は隣駅の広州駅だと分かった。バスに乗ろうか、それともローカル列車で行くかと考えながら階段を下りていくと、香港から観光で来ていた白人達と、背広を着た中国人達で、人だかりができていた。

「タクシーに乗れ」

命令的な口調のお兄さん達が呼び込みをしているのだ。僕の近くにも恰幅のいい中国人青年が、同じように英語で喋りかけてくる。「自分たちはツアー会社の人間だ」とも言っていた。広州駅の方向も分からず、中国語初体験の不安もあったので、タクシーでもまぁいい

かと思い、

「値段は？」

と尋ねると、彼は笑みを浮かべながらこう言った。

「広州駅まで一〇〇元」

僕が吃驚して、

「本当に一〇〇元？」

と聞き返すと、彼は大きく頷いた。僕は彼に背を向け、歩き出した。いくら中国初心者の僕でも、要求した金額がおかしいと分ったからだ。高い、高すぎる。広州東駅から広州駅まで約八キロ。確か広州では、タクシーで一キロにつき三元ほどで足りるはず。多く支払ったとしても二〇元ぐらいで充分だからだ。

「こいつ、ぼったくろうとしてるな」

そう、彼は僕を騙し、通常の約五倍ものお金をふんだくろうとしているのだ。無視して歩き出した僕に、彼は何度も、

「俺の紹介するタクシーに乗れ」

と言って寄ってくる。だんだん腹が立ってきたので僕が、

「高い。列車かバスで行くから、もういい」

少し怒って言うと、今度は背広のポケットから携帯電話を取り出し、

「おまえのために列車とバスの情報を聞いてやる」

と彼は言い出した。だが何秒と経たないうちに電話を背広に戻し、こう切り出す。

「列車は事故。バスは運休。だからやっぱりタクシーに乗れ」

平然と悪びれもせず行動するインチキツアーガイドを見ていると、だんだん可笑しくなってくる。彼は電話をした振り、一人芝居をしているのである。もうメチャクチャな話だ。大根役者を振り払い、結局自分でタクシーを拾い、無事正規の値段で広州駅に着くことが出来た。

睡眠

バスが闇の中を走る。道路沿いには、全く明かりがない。窓外の真っ暗な世界は、僕の不安をさらに広げる。ほとんどの乗客は眠りに入っているようだが、一番前方の席の僕は

全く眠れない。不意に肩をたたかれた。通路を隔てた席の運転手交代要員のおじさんが、笑顔で茶碗を差し出している。お茶をご馳走してくれたのだ。

「謝謝」

僕も笑顔で茶碗をもらう。ちょうど喉が渇いていたので、これは嬉しい。

今、広州からさらに南方に位置する町、南宁に向かう夜行バスの中にいる。夜六時に乗り込んでから、運転手の気まぐれで決める休憩以外、バスが停まることはない。時計を見るとすでに日付が変わっていた。出発時に配られた缶に入った冷たい粥が、今夜の夕食となるようだ。お世辞にも美味しいとは言えないものである。

バスが山道に入った。出発してから、バスの行く手にスピードの遅い車が走っていると、バスは躊躇なく反対車線にはみ出し、追い越しをかけていた。坂道に入ってからは、さらに強引になってくる。上りも下りも関係ない。この激しい運転が、僕の睡眠を妨げる原因となっている。長い下り道で、反対車線に出たバスはさらに速度を増し、カーブに入る。その時いきなり対向車のヘッドライトが——。

「危ない」

僕は思わず、もちろん日本語で声をあげた。同時にバスは急ハンドルを切る。通常の走行車線を越え、バスの右半分は、側の砂利道に進入しながら、なおも走り続けている。僕の大声に、周りの乗客が驚いて目を覚ました。

「対不起（ごめんなさい）」

僕が軽く頭をさげ、覚えたての中国語で謝ると、運転手を含めた数人の乗客達が、笑いながら喋り始めた。どうやらさっきの運転のことを話しているようだ。彼らは、「大丈夫、心配しないで」と言うかのように、身振りと笑顔で僕に教えてくれた。

「そう言われてもなぁ……」

僕はなるべく目をつぶり、眠る努力をした。しばらくすると、車内は再び静けさを取り戻し、運転手以外は皆眠りについた。それでも僕一人は眠れない夜を過ごし、何時間か経った後、建物が立ち並ぶ大きな道路に入った。ここが広西壮族自治区、南宁である。


外は雨。まだ暗い中、バスを降りる。左右を見回し、僕は少し迷っていた。

「さて、これからどうしよう」

全く浮かばない。しかし、猛烈な睡魔に僕は今、襲われている。睡眠不足、無情報、もちろん街の地図もなく、夜も明けきらない状況で歩き回るのは少々不安、考えることは単純明快、バス停での野宿だ。

　未だ降り続いている雨のなか、バスのキップ売り場まで歩く。あそこに行けば、雨粒や寒さ、もちろん危険も凌げるはずだ。しかし早朝のため、ドアにはまだ鍵が閉まっている。それでも僕の睡眠意欲はおさまらない。建物の周りをぐるっと歩き、「雨さえ当たらなきゃ、絶対寝てやる」とばかりに探し回る。かどを曲がると、大きな軒下で大きな荷物と一緒に、いくつかの大家族が座り込んでいた。どうやら早朝のバスを待っているようだ。すでに筆談する元気もなかった僕は何も言わず、いそいそと家族の横に寝袋を広げ、その中にバックパックや所持品すべてを丸め込み、抱え込むようにして体を横にした。そして出来るだけこの家族の一員のような振りを始めた。最初のうち、家族の長であろう男が、僕を凝視して周りの女、子供に注意を促していたが、そのうち「勝手にしろ」という感じで、気にも留めなくなっていた。

　短い時間ではあったが、にわか家族の助け（？）もあり、僕はやっと深く眠ることが出来た。

平気

街中を流れる邕江のほとりを歩く。ここ南宁は広西壮族自治区の区都。亜熱帯気候で、一年を通じて街中に緑色の青葉が茂る。大きく蛇行を繰り返している邕江の両岸にもユーカリの木々が並んでいる。川では網で魚を獲ったり、泳いだりする人の姿があった。向こう岸には、幾艘もの木製の船が停まっている。邕江橋を渡ると、船がつながれている岸は、畑になっているのが見えた。どうやら水上生活者の集落のようだ。岸には畑のほかに、犬小屋や鶏小屋まで整っている。おじいさんがひとり、船の上で食器を洗っていた。何とか会話をと、少しは慣れてきた筆談を開始。

「我姓後藤。我是日本人（私は後藤です。日本人です）」

と書いた紙を、彼に見せた。本に載っていた文を、そのまま書いたものである。おじいさんは、紙を見て頷いている。ここからはカンニング材料がないので自作の中国語（?）の、

「我話可能英語。我話不可能中国語。我是日本照相机人」

を再び彼に見せた。自分自身では、

「私は英語が話せます。私は中国語が話せません。私は日本の写真家です」

と書いたつもりですが……。どうやらというより、やっぱり間違っているようだ。おじいさんは困った顔をして、何か僕にむかって喋り始めた。もうこうなったら、お手上げ状態。老人は喋り、僕は書きまくる。このやり取りはしばらく続いたが、少し怒らせてしまったようだ。とうとうおじいさんは僕と話すのを諦め、背を向けて住居である船に入ってしまった。

「あーっ、やっぱり難しいね」

昨晩から温めていた切り札の文章を見ながら、思わず僕の口から溜息が漏れる。マジックインク、ペン、ノート、簡易辞書、地面に散らばっている筆談セットをカバンに戻していると、一人の女の子が近づいてきた。五〜六歳であろうか、彼女は僕に向かって喋りはじめた。

「ペンとノートを貸して」

と彼女は言っているようだ。再びカバンから紙とペンを取り出して、そこから彼女のお絵描き大会が始まった。彼女は紙一杯に絵を描いている。全く僕に臆することなく、一生懸命だ。時々、僕の顔を見上げては微笑みかける。どうやら彼女はおじいさんに怒られた僕を、元気づけているようだ。

「大丈夫、平気だよ」

彼女に向かって、僕は笑いながら日本語で応えた。

救い

食事。人間にとって非常に大切なものである。生きていくうえで、欠かせないもの。そして僕にとっては喜びでもある。特に旅先での珍しい食物との新しい出会いは、僕の此の上ない楽しみとなっている。しかしこの必要不可欠な至福の時間が僕から奪われようとしている。

数日前から、食物を受けつけない体になってしまった。どうやら見かけによらず、僕の体はデリケートで、水が合わないと、全て瞬時に下半身から排泄されてしまうようなのだ。

別に南宁の中華食堂のご飯が、不味いわけではない。ただ腹が減って食事をしても、なぜかひどい下痢状態になってしまうのだ。体重計がないので正確な数字に表すことは出来ないが、ベルトの穴が前より二つ余るようになっていた。日本にいると、痩せようと思っても焼肉だの、飲んだ後のラーメンだのと誘惑が多く、なかなか具体的な結果が見えないうちに断念してしまうのだが、今は激痩せダイエット敢行中という状態になっていた。

「何か食べなくては……」

と口の中に食べ物を運んでも、一時間もしないうちに便所に駆け込む、といったローテーションになって、すでに三日が経っていた。こうなると歩き回るのも面倒になってくる。少し歩いては、しばらく休憩という行動になってきた。

道端で座り込んでいると、僕の前を一人の若い男が自転車を押しながら通り過ぎ、少し離れた場所で止まった。よく見ると、自転車の座席の部分には大きなアルミ製の筒が取り付けられている。すると道の反対側にいた親子が、自転車に近づき、自転車の持ち主と何やら喋っている。

「もしかして、あれは？」

僕は喜んだ。自転車の彼から子供に、大きく白く丸いモノを手渡したのが見え、それを子供が美味しそうにかぶりついていたからだ。あれは確かに肉まんである。僕の大好物である。「これなら大丈夫かも……」そう思った僕は、自転車に近づいていった。

「一、要買」

大きな筒を指差しながら、僕はたどたどしい中国語で売り子に言った。彼は僕の言葉を理解してくれたらしく、蓋を開けて大きな肉まんを取り出す。よく見ると、アルミ製の筒は保温セイロだった。早く食べたいという欲求には勝てず、お釣りを受け取りながら一口食べる。「ウマイ」あっという間に、手の中にあった肉まんはなくなった。続けて彼に向かって

「三、要買」

僕が指を三本立てながら言うと、彼は大笑いしながら再び、セイロの蓋を開けた。

それからは南宁滞在中、一日に一回、必ず彼の顔を見ることになった。この中国版ジャンクフードとの出会いを境に、僕の体調は復活した。どのように体質改善が出来たのかは分からないが、ほかの食堂で飯を食べても、以前のようなひどい下痢状態が続くことはなかった。

普通班

頭に響く列車の警笛で目をさます。南宁に着いてから朝の日課となっていたこの音とも、今日でお別れだ。荷物をまとめ、少し時間は早いが宿を出る。昨日のうちに、慣れてきたと自負している筆談を駆使して、バスのチケットを購入しておいたので、時間は充分ある。街を徘徊しながら、バスターミナルまで歩く。待合室に着くと出発時刻の二〇分前、まだバスは到着していないようだ。ここには中国国内の各方面に向かう何十台ものバスが集まる。見落とさないようにと僕が乗るバスの番号を確認、ついでに停留所番号も再確認。よし、ここで完璧だ。

しばらく待っていたがバスは来ない。バスが時間に遅れることはほぼ習慣化されている事なので、焦らず待ってみようとは思っていたが、三〇分経つと少し気になってきた。多分僕と同じバスを待っているだろうと思われる隣の席で寝ていた男の人に、切符を見せながら尋ねてみても、めんどくさそうに首を振るだけだった。仕方がない、と僕は腰をあげた。待合室で聞こえる中国語のバス情報のアナウンスが分からない僕にとっては、目で直接バスを確認するしかないと考えたからだ。

　停留所のある待合室から出て、一台一台バスを見て回る。ターミナル内をウロウロ歩いていると、突然男の声で、

「どうしたの?」

とカタコトの英語で話しかけられた。吃驚して振り向くと、新聞を抱えた売り子が立っていた。彼の名はリュウ、もちろん中国人だ。さっきから大きな荷物を背負いながらキョロキョロしている僕を見て、気になっていたそうだ。

「バスが遅れているみたいなんだけど、どのバスか分からないんだ」

僕が不安げに言うと、彼は僕が持っていた切符を見ながら、

「ついてこい」

と歩き出した。それから二人で一緒に切符売り場まで行く。そこでリュウが係員と僕の切符のことで何やら喋りだした。その切符、何か問題あった? と僕が心配していると、リュウが振り向いて、

「バスを変更した方がいい」

と言ってきた。

「なぜ？」

僕が尋ねると、彼が身振り手振りで、

「そのバスは今、故障で修理中。いつ直るか分からないから、次のバスに変更した方が早い」

こう英語で説明してくれた。結局、直快班（直通バス）から普通班（乗合バス）に変えることになった。さらに、

「そのバスは寝台バスなので、乗り心地いいよ」

とリュウの独学の英語を聞いて、一安心。この変更で、あと二時間バスを待つことになったので、リュウを遅い朝飯に誘った。思えば、誰かと食卓を囲む食事は久しぶりである。それは僕にとって、とても楽しい時間となった。


助けてくれたリュウにお礼と別れを言い、僕はバスに乗り込んだ。車内は寝台席が三列に分かれていて、その間に前から後ろまで続く通路が二つある。寝台席はちょうど一人分の尻が収まる幅の硬臥（硬いベッド）の二段ベッドだ。通路の間で、ちょうどバスの真ん

中にあたるベッドが僕の席だ。足元に荷物を置き、体を横にしてみる。

「ん〜っ、快適、快適」

少しは狭いが、これまでの旅の乗り物の中で、もっとも気に入った。靴を脱ぎ、足を投げ出し、さっき買ったばかりのミカンを取り出し、準備万端。おなかも満腹だし、あとはバスがベトナムとの国境の町、凭祥に向け動き出すのを、寝て待つだけだ。

攻防

普通班のバスは町中を走る。停留所が決まっているのか、時々停まっては人や荷物を積み込んでいる。ただ完全な乗り合いバスではないので、席を譲る必要はない。僕はずっと横になったまま読書、眠たくなったら寝る、という勝手気ままな時を過ごす。

心地のよい時間がしばらく続いた。やがてバスは一回目の休憩に入った。いつの間にか眠っていた僕だが、小便のため体を起こし外へ走る。藪の中で小用を済ませ、すっきりとした気分でバスに戻る。車内に戻ると、さっきまで隣の寝席で爆睡していたウェン・チン・

ナンさんが目を覚ましていた。

「飯、食いに行こう」

彼がカタコト英語で僕に言った。彼は、ベトナムと中国を行き来している貿易商だ。

「もう出発じゃないの？」

と僕が尋ねると、ウェンさんは首を横に振りながら言った。

「故障でしばらく動かない」

「……」

いつものことだ、と諦めてウェンさんに連れられて、再びバスを降りた。


ゆっくりと僕ら乗客が昼食をしていると、一人の太っちょおばさんがバスの前で大声を張り上げているのが見えた。すごい剣幕で修理をしている運転手に向かって怒っている。このヒステリーおばさん、乗客ではなく実はバスの車掌なのだ。バスが南宁を出発してから、ずっと彼女は怒っている。最初は「速い口調だから、そう聞こえるのか……？」と思っていたが、そうではなさそうだ。本当におばさんはいつも怒っている。

やがてバスのエンジン音が聞こえた。どうやら直ったようだ。するとヒステリーおばさんは、目標を運転手から乗客に変えた。

「怒！　怒！　怒！　怒！　怒！（何を言ってるかサッパリ……？）」

大声を上げながら、こちらに向かって走ってくる。彼女は乗客全員に怒っている。みんな急いでイスから腰を上げ、バスに向かって走る。

車内に戻ってからも、ヒステリーばばあ（失礼）はブツクサ呟き、時々抑えきれなくなり運転手や周りの乗客に怒る、怒る、怒鳴る。

「まぁ、何を言ってるのかわからないから、関係ないね」

と僕は知らない振りをしていた。ウェンさんや後方の乗客も、自分の席から離れた災害は関係ない、といった感じで眠りに入っていった。


しかし悲劇はあとからやってきた。

何時間か経ち僕はトイレに行きたくなってきた。まだバスが停まる気配はない。しかし、しばらくすると小さな村にバスは入った。道端にはたくさんの売り子が、乗客目当てに寄ってくる。バスは村広場で停まった。前方の席の乗客が、急いで藪の中に走っていく。もちろん排便のためだ。でも僕を含めたバス後方の乗客や、上段のベッドで寝そべっていた客は、すばやく動く事ができない。少し遅れてバスを降りようとすると、ヒステリーばばあは昇降口に立ちはだかり、

「怒！　怒！　怒！　怒！　怒！（ゴメンナサイ。ホント分かりません）」

大声を張り上げ、怒りだした。どうやら、

「遅い、次の休憩で行け」

と言っているようだが（定かではない）。幾人かの客が無視して行こうとすると、ヒステリーばばあは、デカイ体で行く手を阻み、車内に戻れと指示を出す。結局、バス前方の客だけしか車外に出られず、あとの乗客は次におあずけとなった。

さらに一時間ほど経って、バスは停まった。停まる前から靴を履いていた僕は、猛ダッシュで車外に飛び降り藪の中へ直行。

「ふーっ、気持ちいい」

生理的なものがすっきりすると、早くも水分が欲しくなった。バスの周りに溜まっている売り子から果物でも買おうとすると、急に僕の腕を誰かが引っ張った。

「怒！　怒！　怒！　怒！　怒！」

出た、ヒステリーばばあだ。

「怒！　怒！　怒！　怒！」

さらに激しい口調で、僕を怒鳴りまくる。そしてそのまま腕を摑んで、車内に引っ張っていく。その強引さに僕はキレた。

「ナニすんねん、オバはん。痛いやないか！」

育ちは大阪、怒ると関西弁が炸裂する。これにはばばあも一瞬、驚いた。

「怒！　怒！　怒！　怒！　怒！　怒！　怒！　怒！　怒！」

がすぐに何十倍もの漢字を使ってかえされた。


ほとんど全ての乗客はこの二回の休憩（?）で、用を足すことができたが、女性が一人、寝過ごしてしまったのか、トイレに行くことができなかった。それでも彼女はバス前方、ヒステリーばばあ横の補助席でひたすら次のチャンスを待ったが、目的地の凭祥に着くまで残り一時間強、バスが停まることはなかった。

市場

顔に笑みがこぼれる。唐きびを一本買おうとおばちゃんに、一元札を渡すと、

「お釣りがないよ」

と一元札ばかりが入った鞄を見せる。「まぁ安いから、お釣りはいいか」と僕が思い、手を左右に振った。するとおばちゃんは笑顔で首を振りながら、唐きびをもう一本僕にくれた。ついさっきもミカンを少し買おうとしたら、結局は袋いっぱいのミカンを持たされることになったばかり。こんなやりとりが日々行われる町、ここは凭祥。

凭祥は切り立った岩峰の中にある、ベトナム国境近くの小さな町。早朝、宿から辺りを見渡せば、山水画のような岩山が町をすっぽり包み込む、片田舎の小さな町。しかし異国と結ぶ交易路として重要な場所ということもあり、寂れた感じは全くない。

昨日、バスで知り合った貿易商ウェン・チン・ナンさんに街中を案内してもらったので、

少しは町の地理を覚えることが出来た。地理といっても、歩き回っていると、すぐに町はずれに行き当たってしまうほどだが……。町の中心では、毎日市場が開かれている。小さな市だが賑やかだ。肉、野菜、雑貨などいろいろな物が、青空の下で売られている。売り子のほとんどは女性で、民族衣装を着たチワン族の姿も見られる。

昼間はおとなしく広場内の市で、座って商売に勤しむおばちゃん達だが、夕方になるといっせいに天秤棒を担いで動き、道沿いまで店を拡張していく。この大移動によって、道の両側に売り子の人垣ができるのだが、客取りに白熱してくると、道の両側にあった人垣が、次第に中央に近づいてきて、最終的に人垣の間は、人が一人か二人しか通れない幅になってしまう。これによって道は大渋滞（もちろん、人の）になる。そうなると市場のお偉い関係者が、怒りながら登場し、おばちゃん達の商品を道の端にずらす。ひどいときには商品を投げられる事もしばしばだ。この人達の登場で、いったんは道はスムーズに流れるのだが、あまり時間のたたないうちに、道は再び渋滞となる。

確信

凭祥の町を見渡せる場所を聞こうと、筆談を試みる。時間はかかったが、何とか僕の行きたいところを説明できた。どうやら白伝山という山に登ればよいとのこと。バイクタクシーを使って、だいたい三〇分で行けるらしい。「それは楽でいいぞ」と翌朝、白伝山に向かうことにした。

早朝、バイクタクシーを拾う。単車を改造し、後部は小さな荷馬車のようなものがついているので、荷物があっても楽チンだ。音だけが大きく、あまりスピードが出ないバイクタクシーに乗って出発。すぐに建物も何もない道に出た。しばらく走ると、バイクは突然停まった。「あれ、まだ山道は走ってないぞ」と運転手に尋ねると、彼は道の横を指さした。その指の先には、登山道があった。どうやらここからは、歩いて登る事になるようだ。「しょうがないな。舗装されてないんだから、このバイクでは入れないか」と諦め、お金を払う。

一人、登山道に入る。昨日教えてもらったのは間違いか、それともここは白伝山ではないのか、色々疑問はあったが、もっと考えなければならないことがあった。荷物が重い、そして足元はサンダルという事だ。頂上までバイクで行けると聞いたので、カメラや本などをバックパックに押し込み、日中はそこで遊ぼうと、重量も考えず持ってきたからだ。しかもサンダルで。

しばらく歩くと山が見えてきた。しかし僕はそこで反転、もと来た道を下ることにした。無理、この荷物でこのサンダル、さらにこの急峻な山は。無理というより嫌です、僕は。どうやら運転手との言語不足で、行き先を間違っていたようだ。舗装路まで戻ってきたが、朝早いため、車もバイクも通らない。トボトボ一人歩いて町に向かう。

途中、凭祥が一望できる場所に出た。カメラを取り出し、写真をバシャバシャ撮る。ここがベストビューポイントだ。今でも僕は信じている、もちろん白伝山よりもだ。

不要《プゥヤオ》（いらない）

街中の木陰で昼寝をしていると、人の気配がした。目を開けると、どこかで見たことのある青年が、僕の横に座っていた。毎日、朝飯として買っている屋台の肉まん屋の男である。彼は笑いながら、

「食べるか？」

肉まんをかじる仕草で話しかけてくる。「朝、買ったじゃないか」と思い、

「不要」

僕が言うと、今度は何かを飲む手振りをしながら、

「飲むか？」

と彼が尋ねる。陽気も手伝い、確かに喉は渇いていた。「まぁついでだし、もらおうか」と、

「要」

僕は頷いた。彼は屋台の中から、ポットを取り出し、小さいビニール袋にポットの中の液

体を入れた。色は白い。「なんだ、あれは?」と思った。前に下痢ピーに悩まされた事もあり、飲み水関係には人一倍注意を払っていた。今さらいらないと言うのも、肉まん常連客として彼に悪い気がした。白い液体の入ったビニール袋とストローを彼から受け取る。液体は少し温かい。一度沸かしているのなら大丈夫だ、と一口吸ってみる。甘い、しかし味は悪くない。甘い豆乳といった感じだ。僕が飲んでいるのを見て、彼は満足そうだ。

ポケットからお金を出し、彼に、

「多少銭(いくら)?」

僕が尋ねると、彼は首を横に振って、

「不要」

と言う。「いいよ、払うよ」と僕が小銭を出すと、彼は財布から一〇〇元札の束を僕に見せて「大丈夫、いっぱい稼いでるから」とばかりに誇らしげに笑った。

次の日から、僕の朝のメニューの中に『白い液体』は組み込まれた。思い過ごしかもしれないが、彼は相当やり手ビジネスマンのような気がする……?

再見

「今天、越南行（今日、ベトナムへ行く。）」

紙に書いて、チャンおじいさんに見せる。おじいさんは笑いながら、

「再見（さよなら）」

と軽く手を挙げた。その後もおじいさんは、僕に向かって何か喋り続ける。何を言っているかは分からないが、彼の目は少し涙ぐんでいる。数日前に会い、顔を合わせるたびに二人で一緒に道端で休憩、そして時々お茶を飲む。街角で座っているだけで、言葉も満足に通じない僕達。それでも別れを惜しんでくれたチャンおじいさん。

「謝謝。再見」

精一杯の中国語で、僕はおじいさんに別れを告げた。短い時間ではあったが、僕にとっては大切な出会いとなった。

待ち合わせの駅に向かって歩く。昨日、バイクタクシーの運転手、シンくんに国境の友誼関まで送ってもらう約束をしたからだ。歩いていくと、駅の辺りが妙にものものしい。警官やパトカーが道路閉鎖を行い、多くの住民が駅の前に集まっている。「何だろう?」と思っていると、道路の向こうから人の列がやって来た。皆同じ服を着て、首から看板のような札を掛けられ、頭を地面にうなだれながらゆっくり歩いてくる。傍らに警官も同行している。どうやら囚人らしい。囚人の公開行列、僕が生まれて初めて見る光景だ。

僕も野次馬に混ざって見学していると、シン君が少し高台になっているホテルの入り口で、この行進を見学しているのが見えた。シン君の横へ行き、尋ねる。

「あの人たち、囚人だよね?」

彼は身振りをつけながら、頷いた。

しばらくするとゆっくりと進む長い行列の最後尾に、トラックが一台現れた。荷台には、僕よりはるかに若い男が二人と警官が数人乗っている。彼らは行列の囚人達と対照的に、空を見上げている。駅前に集まったたくさんの野次馬が、彼らを指差し、ひそひそと小声で話し始めた。僕は得体の知れない緊張感を、そのトラックから感じた。

「……」

もしかしてと僕は言葉に詰まった。絶句している僕に、シン君が身振りで教えてくれた。右手の人差し指を伸ばし、ほか四本の指は握る。そして人差し指を右こめかみに突く。

「死刑囚！」

日本語で僕は答えた。今日、ここ凭祥の中にある刑務所であの二人は銃殺処刑される。その前に一般大衆に見せしめとして、公開されているのだ。僕たちの立っている所から、トラックまでは五メートルと離れていない。平和ボケしている旅人の前に、あまりに悲惨な現実があった。

口の中は渇き、僕の体は吐き気を催す。彼らが何をし、どんな罪を犯したのかは別として、目の前に立っている人間が、あと数時間で現世から姿を消すのだ。見せしめとしては、絶大な効果だろうが、〝人為に消滅させる命〟を、こういった形で傍観することになるとは思いもよらなかった。

過去に寿命や病気、悲しいことだが不慮の事故そして自殺など、いろいろな形で知人を失ってしまった経験がある。不幸のたびに、出会ったことの喜びや大切さを身をもって教わったことがあった。人間はもちろん、物や場面との出会いが、どれだけあとの人生に影響するかを学んだことがあった。それだけに刑罰とは分かっているが、見せしめの〝限りなく短い命〟を見るのは、僕にとって死刑執行そのものであった。

僕の目に焼きつく、彼らの姿。全く体を動かさず、瞳だけをゆっくり動かし続けている。視線は遠くの空を指している。


あの時の彼らの目、僕は一生忘れることはない

道

シン君のバイクの後ろで、僕は何も喋らず、走ってきた道をただ見ていた。旅に出ると好奇心を満たすと同時に、思いがけない困難や知らない方がよかった事などに出会う。そのたびに僕は、

「もう絶対来ない」

「二度と行かない」

などを口に出している。それでもなぜか何度も同じ場所を訪れる。しかし再び前以上に嫌いになり、そしてもっと好きになっていく。

まっすぐ歩く
余計なものを背負わず　ただ前へ
それが近道だと思っていた

今度は大きな回り道を歩いてみる
決して速くない歩みで
ゆっくり　そして大きく
たまに地べたに座りこみ
大きく笑い　激しく怒り　気にせず泣き　心から楽しむ
それからまた歩き出す

ゆっくり歩いていると
別の楽しみが見えてくる
今度はそれを追いかけ　道を曲がる
道を大きく外れていく

でも大丈夫
それでも歩いているんだから

この道はベトナムへと続く。僕もさらに歩きつづける。

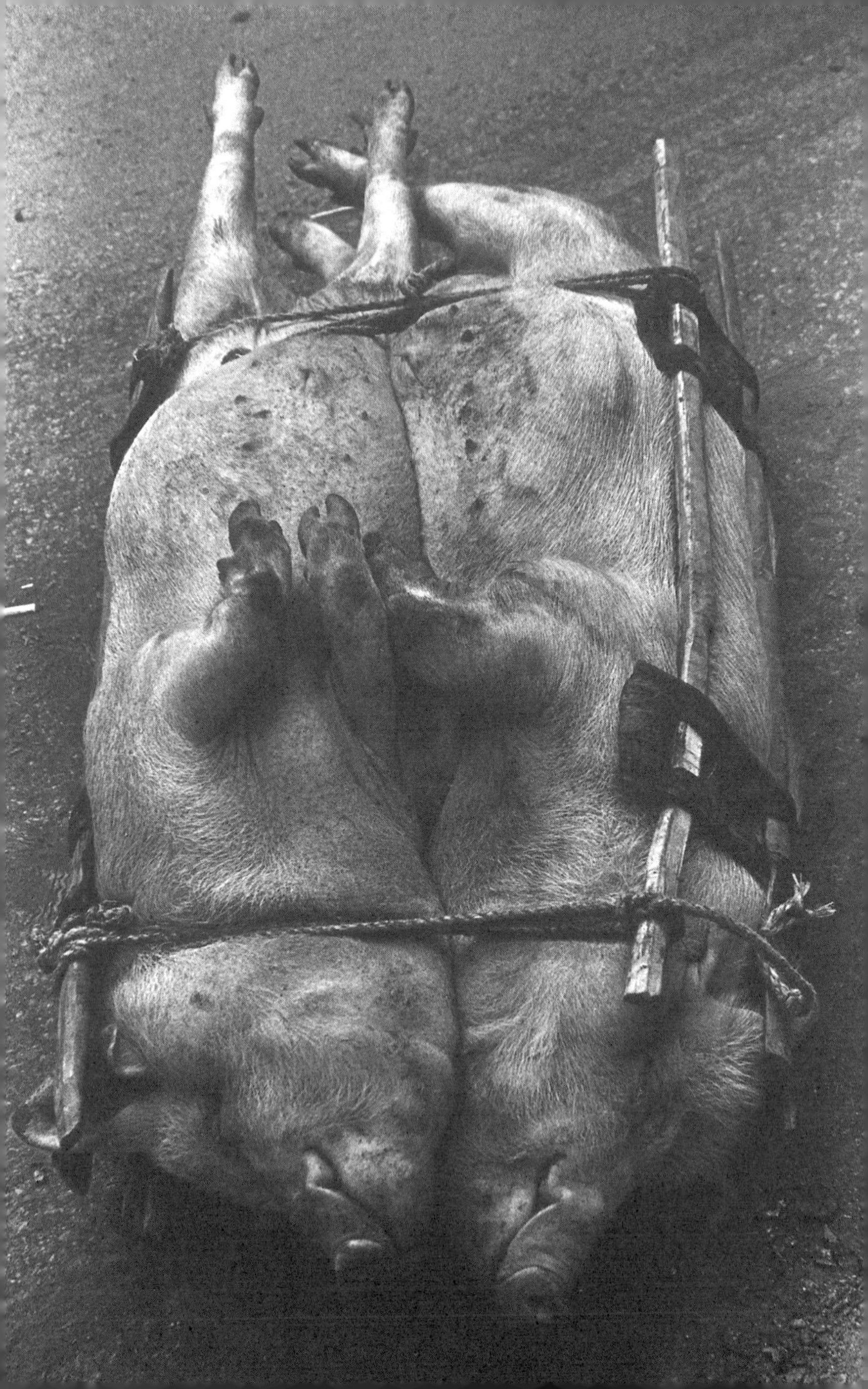

著者プロフィール

後藤　大次郎（ごとう　だいじろう）

1968年東京都生まれ。学生時代よりアメリカ・サウスダコタ州の農場で働くなど放浪歴多々あり。

大学中退後、一度は写真界に在籍するが、突然ドロップアウトし、カナダでスキーバムに転身。帰国後、フリーランスの写真家となり、現在も海外・国内と飛びまわっている。

バミング アラウンド　旅のあとに残るもの

2002年 11月15日　初版第1刷発行

著　者　後藤 大次郎
発行者　瓜谷 綱延
発行所　株式会社文芸社
〒160-0022 東京都新宿区新宿1－10－1
電話 03-5369-3060（編集）
03-5369-2299（販売）
振替 00190-8-728265

印刷所　株式会社フクイン

ISBN4-8355-4655-5 C0095